내부보안위협과
정보유출방지

-내부자 정보유출의 기술적 대응방향-

내부보안위협과 정보유출방지

-내부자 정보유출의 기술적 대응방향-

윤한성 지음

한국학술정보㈜

컴퓨터를 통한 업무처리를 위해 1인 1PC를 추구하던 사무자동화(OA)가 국내에서 본격적으로 시작된 1980년대로부터 약 10년이 지난 후 정보전달과 처리에 급격한 발전의 계기가 된 인터넷의 활용이 시작되었다. 인터넷의 보편적인 활용과 일반 가정까지 확산된 초고속 통신망의 활용은 컴퓨터정보로써 표현과 전달이 가능한 모든 것들을 인터넷의 바다 위로 옮겨 놓고 있다.

한편, 흔히 ID카드를 통한 출입관리나 CCTV 등을 연상시키는 물리적인 보안은 어느새 Firewall, IDS, IPS 등과 같이 정보네트워크상으로 외부에서 침입하는 해커를 막는 정보기술적인 보안으로 더 관심이 기울기도 하였다. 그리고 증가하는 인터넷상 거래로 인해 문서 위·변조 방지나 전자인증서 처리 등의 암호화 기술의 중요성도 인식하게 되었다.

이러한 보안수단들은 주로 외부인의 보안위협에 대응하는 것이라고 볼 수 있으나, 최근에는 외부인이 아니라 내부구성원에 의한 정보자료 유출이 더욱 심각한 보안문제로 대두되고 있다. 수년간 개발해 온 기업의 신기술도면, 힘들여 확보해 온 수십만 명의 고객정보 등이 내부구성원에 의해 한순간 외부로 유출되어 커다란 피해를 주는 경우를 자주 접하게 된다.

이와 같이 내부정보의 유출을 방지하기 위한 보안강화가 최근 정보보안의 중요한 이슈가 되고 있다. 조직이 보유한 정보자원을 보다 안전하게 보호하기 위하여 각종 정보자료의 접근방식이나 이동경로를 분석하고, 이에 대한 관리적, 물리적, 기술적인 정보유출의 통제방안을 마련하기 위한 여러 노력들이 행하여지고 있다. 본서의 범위는 이러한 노력들 중에서 주로 기술적인 정보유출통제의 수단을 정리하고, 실제 구현상의 참고가 되는 사항들을 제공하는 데 있다.

본서에서는 내부 정보자료의 유출방지에 활용할 수 있는 국내의 여러 정보보안 시스템기술들을 소개하고 구성방향을 정리하였다. 실제 정보자료 유출의 방지를 위한 계획의 수립, 솔루션의 도입 및 평가, 종합적 자료유출통제의 방안 수립에 본서가 참고가 될 수 있을 것이다. 정보자료의 유출방지에 활용되는 최근의 정보보안기술을 나열하여 중장기적 대안의 수립에도 도움이 될 것으로 생각된다.

정보환경이나 보안기술들은 앞으로도 계속 발전해 갈 것이기 때문에 본서의 내용도 시간이 흐름에 따라 보완이 필요하다는 점도 밝혀 둔다. 비록 본서가 부족함이 많을지 모르나, 정보보안 특히 내부정보유출에 대해 고민하거나 관심이 있는 독자들에게 조금이라도 도움이 되기를 바란다. 이 책이 나오기까지 도움을 주신 한국학술정보(주)의 여러분과 SAK의 문승주 사장 및 아이티엠시스템(주)의 유승형 사장에게 감사드리고, 이해로써 인내한 모든 분들께 지면을 통해 고마움의 뜻을 전해드린다.

2009년 4월 윤한성 씀

차례
contents

제Ⅰ장 정보보안과 내부보안위협

1. 업무처리와 내부보안위협

기업을 비롯한 업무조직에서 내·외부에서 이루어지는 정보시스템의 활용 및 정보교환의 확대는 업무수준의 고도화 및 효율화를 이루어 가고 있다. 이에 따라, 내부의 조직구성원에 의한 정보의 처리 및 전송 과정의 양적 증가는 급속히 이루어지고 있는 한편, 조직의 내부 구성원에 의한 정보보안 침해의 심각성은 더욱 커지고 있다. 이는 내부 구성원에 의한 정보 처리 및 전송 등에 대한 완전한 관리 및 통제가 사실상 불가능함에 기인한다고 할 수 있다. 다음과 같은 사례는 조직의 내부 구성원에 의한 정보보안위협의 심각성을 짐작하게 한다.

- 기업비밀정보 통제의 어려움과 비권한자의 정보조회
- 내부 구성원의 불법 정보복제 또는 도난·분실에 따른 외부유출
- 휴대용 저장수단(USB, CD 등)을 통한 정보의 무단유출 등

정보보안위협은 보안위협의 근원지(source)에 따라 *외부보안위협*(external security threat)과 *내부보안위협*(internal security threat)으로 나누어진다. *외부보안위협*은 외부위협(external threat)이라고도 하며, 주로 조직외부로부터 컴퓨터 네트워크를 통한 보안공격(security attack from outside)이나 외부로부터 입수한 소프트웨어 등에 의해 발생하는 정보보안위협으로서 해킹(hacking) 또는 컴퓨터 바이러스를 포함하는 악의적 코드(malicious code) 등을 포함한다. 내부보안위협은 주로 조직내부자가 주체가 되는 악의적 또는 비고의적 보안침해행위(security violation behaviors)에 기인하여 발생하는 정보보안위협으로서, 내부위협(internal threat) 또는 내부자 위협(insider's threat)이라고도 한다.

2. 내부보안위협의 피해

정보보안상의 내부보안위협은 컴퓨터 기기에 저장된 정보 또는 시스템에 대하여 조직 내부자에 의해 이루어지는 악용, 훼손, 변조, 유출 등이라고 할 수 있다. 특히, 기업 간 치열한 경쟁 환경에서 기업정보의 불법유출에 의한 피해는 나날이 심각해지고 있다. 정보보안에 있어서 내부보안위협은 외부보안위협보다 피해 정도가 보다 심각한 것으로 알려져 있고, 내부자가 사용하는 정보시스템의 다양성, 기업내부 정보 처리량의 증가 및 인터넷 사용에 따라 그 피해는 증가한다고 볼 수 있다.

<그림 1-1>은 이와 같은 내부보안위협 피해의 심각성을 보여주는 사례의 신문기사들이다. 최근 미국의 경우, 내부보안위협에 의한 정보보안상의 연간 피해금액이 외부보안위협의 그것보다 50배를 상회하는 2.7백만 달러에 이르는 것으로 조사되고 있다. 또한 <그림 1-2>에 나타난 전체 정보보안 사고발생수의 80% 이상이 내부위협에 의한 정보보안 사고건수로 파악되고 있다. 기업을 비롯한 조직에서의 업무수행 과정 또는 결과에서 발생하는 정보가치의 중요성과 이에 대한 정보보안의 필요성은 지식산업의 고도화와 비례한다고 할 수 있다. 국내 기업의 경우에도 발전해 가는 지식정보 수준과 함께 내부직원의 기밀정보 유출사례 피해가 급증하고 있다.

[대출신청자 개인정보 유출 - 대부업체·대출 중개업체 무더기 적발]
　《한국경제신문》2006 - 07 - 19일자

[교수가 반도체기술 중 유출 기도, 사외이사 맡은 업체 임원과 공모 충격]
　《경향신문》 2006 - 07 - 29일자

[첨단기술을 지켜라] '중소벤처' 기술유출 피해액 年 5兆
　《서울경제신문》 2006 - 08 - 02일자

[학교 사이버 보안 '구멍']
　《서울경제신문》 2006 - 08 - 20일자

[참여정부들이 기술 해외유출 기도 72건 적발] 피해 예상규모 90兆 달해
　《서울경제신문》 2006 - 09 - 29일자

[울산시 교육청, 연수교사 개인정보 유출 말썽]
　《한겨레》 2006 - 10 - 20일자

[범인 86%가 한솥밥 먹던 임직원]
　《매일경제신문》 2006 - 11 - 29일자

[지구촌은 지금 산업스파이 전쟁 중] 당신의 기술 노리는 '내부의 적'
　《경향신문》 2006 - 12 - 07일자

〈그림 1-1〉 내부보안위협의 심각성 사례

정보유출의 형태를 보면, 주로 컴퓨터 파일(file)로 처리된 기업정보를 이메일(e-mail) 등을 통한 컴퓨터 네트워크 또는 휴대용 저장장치 등을 활용하는 것으로 알려지고 있다. 이러한 여건에서 지적 정보의 보안이 중요한 단체나 기관에서 내부보안위협에 의한 정보유출방지수단의 도입이 점차적으로 이루어지고 있다. 정보유출방지수단은 기존의 정보보안 도구와 상호 보완적인 정보보안의 주요수단으로 발전할 것으로 예상된다.

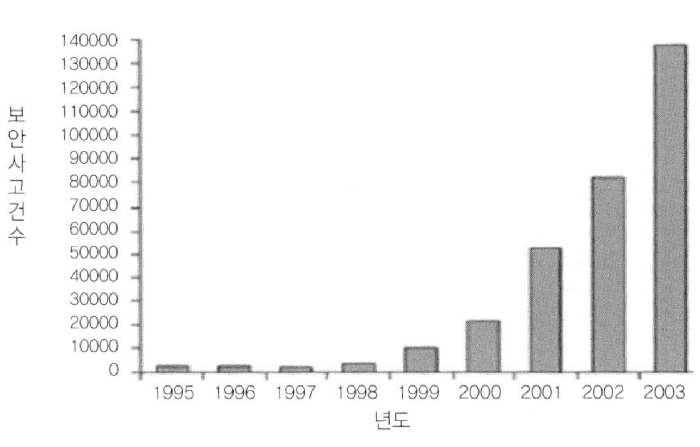

<그림 1-2> 정보보안 사고발생 추이

3. 내부보안위협의 대응과 기술적 보안도구

3.1. 내부보안위협의 대응

기업경영을 비롯하여 제반 목적을 달성하기 위한 여러 조직의 운영에 있어서 정보처리의 비중이 크고, 잘못된 정보의 사용이나 내부정보의 유출이 기업의 경쟁력에 끼치는 영향은 갈수록 커지고 있다. 따라서 선진기업일수록 정보보안, 특히 최근에는 내부정보의 유출방지에 보다 많은 관심과 투자를 늘리고 있다.

일반적인 정보보안과 같이 내부보안위협에 대응하기 위한 방안도 특정 영역에 한정되는 것이 아니라 종합적인 대책이 이루어져야 한다. 먼저 생각할 수 있는 것은 내부보안위협의 근원을 제거하는 것이지만, 완전한 제거가 어려운 상황이라면 내부보안위협의 발생을 억제하거나, 발생 시 피해를 최소화하고 최대한 신속히 복구하는 것이다.

내부보안위협에 대한 대응방안의 대상은 주로 내부직원의 정보행위를 범위로 하는데, 구체적인 대응방식은 일반적인 정보보안의 요소와 유사하게 구성된다. 보통 내부보안위협에 대해서 물리적인 보안, 관리적인 보안, 기술적인 보안 등으로 대응방식을 나누어 볼 수 있다. 각각의 특성과 방식에 대해서는 다음 장에서 살펴보기로 한다.

3.2. 기술적 보안도구

인터넷을 통한 정보자료의 유출 또는 불법복제 등과 같이 조직구성원에 의해 실행되는 내부보안위협에 대해서는 기존의 기술적 보안도구가 적절하지 않다. 즉, 외부의 해커나 악성코드 등의 외부위협의 방지에 널리 활용되는 다음의 기술적인 보안도구에 의해서

는 <그림 1-3>처럼 내부보안위협의 완전한 방지가 사실상 불가
능하다.

- 방화벽(firewall)
- 사용자 인증(AAA: authentication, authorization, accounting)
- 침입탐지시스템(IDS: intrusion detection system) 등

정보보안상의 대표적인 외부보안위협은 외부 해커에 의한 위협이
나 악성코드 등인데, 이에 대해서는 일반적으로 사용하는 대표적인
기술적 정보보안도구인 방화벽이나 침입탐지시스템(intrusion detection
system), 백신(vaccine) 프로그램 등을 활용할 수 있다. 그러나 이러한
기존의 대표적인 보안수단은 내부보안위협의 억제수단으로는 효과적
이지 않다.

해커와 같은 외부보안위협에 사용되는 정보시스템상의 일반적인
보안도구인 방화벽, 침입탐지시스템, 사용자 인증방식 등(<그림 1-3>
참고)의 일반적인 보안방식과 내부보안위협에 대한 효과를 <표 1-1>
과 같이 비교해 보면, 정보보안상의 내부보안위협 방지에는 한계를
가진다. 따라서 기존의 일반적인 보안도구에 의해서는 내부보안위협
에 대한 대응이 어려우므로, 내부보안위협은 기업내부의 구성원이
접근 가능한 시스템이나 데이터베이스에 대해 정보보안상의 잠재적
인 또는 실질적인 위협요소가 된다.

기존의 기술적 보안도구가 내부보안위협에 대해 가지는 기본적
인 한계로는 조직구성원 개개인의 정보단말기(주로 개인용 컴퓨터)
사용에 대한 감시(surveillance)와 통제(control)의 미흡함에 있다고 볼

수 있다. 이와 같은 입장에서, 정보시스템의 보안위협 특히 내부보
안위협의 대처수단으로서 '감시 및 통제 기술(surveillance & control
technology)'에 대한 관심이 커지고 있다.

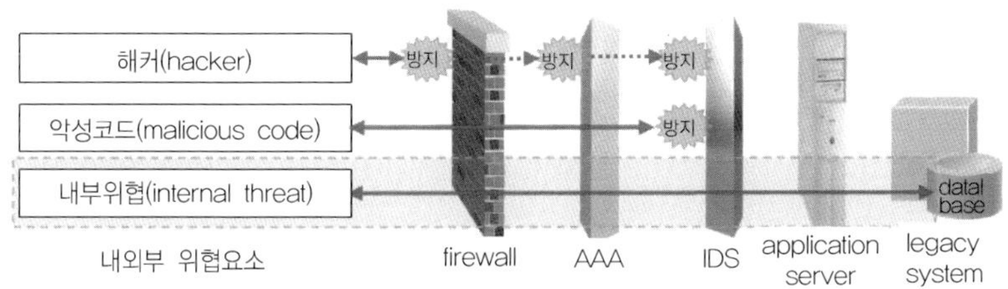

〈그림 1-3〉 기술적 보안도구를 통한 보안위협 대응

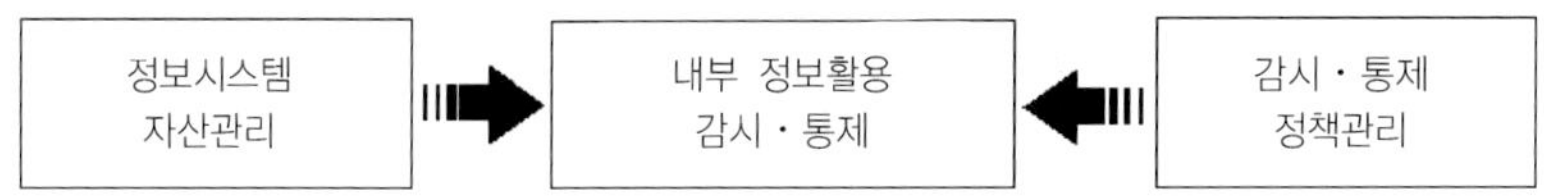

〈그림 1-4〉 내부보안위협 대응체계

〈표 1-1〉 보안도구의 내부보안위협 대응효과

도구	일반적인 보안방식	내부보안위협 대응효과
방화벽	- 네트워크 외부로부터의 불법적인 트래픽 유입을 막소, 허가되고 인증된 트래픽만을 허용	- 내트워크 외부로부터의 보안위협에 적절 - 내부자에 의한 네트워크 내부 트래픽 통제 및 인증(허가)된 사용자의 정보시스템 사용통제 불가능
침입 탐지 시스템	- 컴퓨터시스템 또는 컴퓨터 네트워크에 대한 외부의 침입을탐지	- 네트워크 외부로부터의 보안위협 또는 내부 네트워크(LAN)을 통한 내부자의 개별 컴퓨터시스템 보안위협에 적절한 보안수단 - 인증(허가)된 사용자의 정보시스템 사용통제 불가능
사용자 인증	- 패스워드 등의 인증방법으로 정당한 사용자(송신자 또는 수신자)인지를 확인	- 내·외부 사용자의 적법성을 통한 네트워크, 응용시스템, 데이터 등의 접근을 통제 - 적법한 내부 사용자의 정보시스템 사용통제 불가능

또한 정보보안상의 내부보안위협은 대개 조직구성원이 사용하는 컴퓨터를 비롯한 기업의 정보시스템 자산을 통해 이루어진다. 정보시스템 자산의 사용에 대한 적절한 통제가 이러한 내부보안위협을 방지할 수 있다고 볼 수 있다. 즉, 사용자들이 사용하는 소프트웨어, 하드웨어 등을 정확히 파악하여 관리하는 것이 내부보안위협의 매개체 또는 내부보안위협에 대한 감시·통제의 대상을 파악하는 것이라고 볼 수 있다. 정보보안상의 '내부보안위협 방지를 위한 감시·통제'와 '정보시스템 자산관리'의 2 측면은 서로 밀접한 관계를 가진다고 할 수 있다. 또한 내부 조직원의 정보 활용의 감시와 통제에 대해 기준이 되는 정책관리 또한 내부보안위협 대응체계의 구성요소로서 중요한 의미를 가진다.

　정보보안은 적용분야 또는 관리기준 등에 따라 여러 형태의 세부 영역으로 나누어지기도 하는데, 흔히 관리적 보안, 물리적 보안, 기술적 보안의 3영역으로 나누고 각각의 분야에서 상호 보완적으로 적절한 보안대책을 수립하는 경우가 많다. 본장에서는 내부보안 위협에 의한 정보유출방지를 위해 관리적 보안, 물리적 보안, 기술적 보안의 영역에서 이루어지고 있는 일반적인 대응방안을 정리하기로 한다.

1. 물리적 보안 분야

　물리적 보안은 정보를 수록하거나 처리하는 매체로부터 사용자의 물리적 접근을 통제함으로써 이루어지는 보안의 영역이다. 흔히 물리적 보안은 정보의 보관이나 열람을 직접 통제하거나, 또는 컴퓨터실과 같은 특정 공간이나 지역의 전체에 대해 출입을 통제함으로써 이루어진다.

1.1. 정보자료의 보관·열람 통제

조직 내부에서 생성하거나 외부로부터 전달받아 사용·보관하여 관리되는 정보(컴퓨터에 의해 생성되는 파일, 인쇄된 문서 등)는 정해진 기준에 따라 비밀등급을 정한다. 그리고 일정수준 이상의 비밀등급에 해당하는 디지털 정보자료 또는 인쇄된 문서에 대해서는 일반적으로 다음과 같은 형태로 보관 및 열람을 통제한다.

- 비밀 정보자료 취급자의 선정: 정보자료의 비밀등급별로 조직의 보안책임자로부터 비밀취급을 인가받은 자만이 해당 정보자료를 보관 또는 열람 등의 취급을 할 수 있도록 한다.
- 비밀 정보자료의 보관: 일정 비밀등급 이상의 정보자료는 정보자료의 유무, 사용이력, 폐기 등에 대해 관리기준을 정하여 보관하여야 한다. 예를 들어, 대외비 이상의 자료는 비밀관리기록부 등에 명기하고 사용자를 기록하는 등의 관리를 하여야 하고, 비밀 정보자료는 정해진 기준에 따라 내화금고 또는 이중 캐비닛 등에 보관하여야 한다.
- 정보자료의 물리적 보안: 조직에서 정한 보안관련 규정에 다음 사항들을 포함하는 주요기준들을 정하여 준수하도록 한다.
  - 문서 및 암호 보안: 인쇄문서의 보관, 컴퓨터 파일(file) 자료

및 응용시스템의 암호관리를 통한 접근·열람 통제
- 인원보안: 조직 전체 또는 단위조직별, 업무분야별 등으로 보안
  담당업무를 전담할 인원을 선정하고 필요한 교육을 실시
- 시설보안: 정보자료의 보관·처리 시설을 비롯한 중요 시설에
  대해 접근 및 출입을 통제
- 정보자산 및 통신 보안: 정보자산, 통신수단 등의 사용 및 처
  리 등에 관한 접근을 통제

조직 내 정보자료의 물리적 보안을 위한 관리적 기준 및 시설에 대해서는 내부 구성원들의 규범적인 또는 자발적인 준수가 이루어지도록 해야 하며, 주기적인 실태조사 및 평가가 이루어지도록 해야 한다. 물리적 보안의 효과 또는 효율성을 위해서는 가능한 보안기술의 효율적인 도입 및 신기술의 적용이 적극적으로 이루어져야 한다.

1.2. 출입통제

출입통제는 내부직원 및 외부 방문자에 대해 보호대상 지역을 공간적으로 물리적 접근을 통제하는 것이다. 출입통제가 이루어지는 경우는 주로 건물 전체의 출입을 통제하기 위해 실시하는 정문 출입통제와 같은 '전체 출입통제', 컴퓨터 서버실과 같은 특정 사무실에 대해 출입을 통제하는 '부분 출입통제' 등으로 나누어 볼 수 있다.

전체 또는 부분 출입통제는 주로 다음과 같은 방식을 사용한다.

- 직원 및 출입이 허가된 방문자에 대해 전자칩이 내장된 출입증 (ID Card)을 발급하여 전체 출입, 또는 건물 내부의 업무공간별 출입을 통제한다.
- 개인별로 출입권한을 구분하여 개인별 출입통제의 차별화가 가능하도록 하는 것이 필요하다.
- 출입구 및 이동 동선을 따라 개인별 전자출입증을 인식함으로써 중앙 출입통제시스템에서 개인의 동선을 감시·통제할 수 있도록 한다.
- 출입카드시스템, 방문자관리시스템, 위치인식시스템 등을 활용하여 출입통제 체계를 구현할 수 있다.
- 특히, 외부 방문자 등의 출입자를 대상으로 문형금속탐지기, 스피드게이트(speed gate), 핸드 스캐너(hand scanner), X-Ray 탐지기 등을 활용하여 출입통제 및 소지품 확인 등을 처리할 수 있다.
- 출입 시 휴대하는 각각의 노트북 컴퓨터에 대해서는 감시·통제 프로그램(LAS Checker 등의 SW제품)을 설치하여 다음 사항을 실행하게 함으로써 출입통제 지역에서 생성 또는 변형된 자료를 확인하여 삭제 또는 부착된 여러 장치를 통제하여야 한다.
  - 노트북의 정보자원(resource) 파악: OS버전, HW구성내역, SW 내역 등
  - 매체(device) 제어: USB, PCMCIA, FDD, network, (무선) LAN 카드, USB포트, 직렬/병렬 포트, 적외선/1394/블루투스 포트 등
  - 모니터링: 파일, 드라이버 생성/삭제/이동 로그 기록

- file삭제: 반입 이후 생성된 file, 휴지통 file 등의 완전삭제 등

2. 관리적 보안 분야

관리적 보안은 보안정책, 보안절차, 보안인원, 복구절차 등으로 구성되는데, 각각의 구성분야에서 정보유출방지를 위한 방안을 포함하는 것이 필요하다.

- 보안정책(security policy)의 수립: 정보보안 및 제반 보안활동의 상위 지침이나 기준 등을 규정화하여 준수하도록 한다.
- 보안절차 관리: 데이터베이스(database)의 백업, 네트워크 또는 시스템의 관리, 보안감사 등에서 필요한 정보보안 및 유출방지를 위해 필요한 절차를 수립하여 실행하도록 한다.
- 보안인원 관리: 조직 전체 또는 부서별로 정보보안을 관리하고 필요한 업무를 수행할 관리자 또는 책임자를 선정하여 정보보안을 체계적으로 운영할 수 있는 인원(personnel)을 관리한다. 그리고 보안인원의 보안지식이나 보안의식 함양 등을 위한 보안교육의 실시, 신규채용 인력에 대한 보안서약 등도 보안인원 관리에 포함된다.
- 복구절차 관리: 정보보안 사고가 실제로 발생한 경우에 대비하여, 이를 복구할 수 있는 사전 준비절차(recovery procedure)와 계획을 수립하여 피해를 최소화할 수 있도록 대처하여야 한다.

일반적으로 기업을 비롯한 업무조직에서는 보안업무규정과 같이 명시적인 기준을 통하여 조직의 전반적인 정보보안 및 자료통제의 관리적 기준을 제공하고 있다. 예를 들어, 조직의 보안업무규정은 보안업무관리체계, 문서 및 암호 보안, 인원보안, 시설보안, 정보통신보안, 보안침해사고 대응 등으로 구성할 수 있다.

전반적인 문서자료에 대한 관리적 보안의 적용과정은 관련되는 보안업무규정에 따라 적절히 관리되는 경우가 많으나, 조직 구성원 개개인이 자율적으로 활용하는 개인용 PC 및 인터넷 영역은 관리적 보안수단만으로 통제가 어려운 경우가 많아 정보자료 유출의 위험성이 상존하고 있다. 따라서 내부인원의 정보자료 유출을 방지하기 위해서는 내부 구성원의 정보기기 활용을 감시 및 통제하는 기술적 보안방안에 의한 보완이 필요하다고 할 수 있다.

3. 기술적 보안 분야

기술적인 보안은 관리적 보안 또는 물리적 보안과 상호 보완적이며, 관리적·물리적 보안을 효과적 또는 효율적으로 가능하게 하는 기술적 요소의 집합체와 운영방식으로 볼 수 있다. 정보기술 측면의 범위에서 정보보안 및 정보유출방지를 위한 기술적 요소를 컴퓨터 네트워크 분야, PC 활용 분야, 정보자료저장 분야, 정보자료인쇄 분야 등에서 각각 다음과 같이 정리할 수 있다.

3.1. 컴퓨터 네트워크 분야

3.1.1. 일반 현황

조직내부의 시스템 또는 컴퓨터 간에 정보교환 및 업무처리를 위한 컴퓨터 네트워크는 근거리통신망(LAN)으로 구성되며, 흔히 라우터(router)를 포함하는 게이트웨이(gateway) 장비를 거쳐 인터넷(Internet)과 연결된다. 조직내부의 LAN은 업무별 정보보안의 특성이나 중요성에 따라 인터넷과 연결이 차단되어 있는 별도의 영역으로 분리되어 설치될 수도 있다.

어떠한 경우이든 인터넷을 비롯한 외부의 컴퓨터 네트워크와 연결이 가능하다면, 내부 정보자원을 보호하기 위해 컴퓨터 네트워크를 통한 '외부⇨내부' 또는 '내부⇨외부'로의 데이터 흐름을 차단하기 위한 방화벽(firewall)을 설치하여 운영하는 경우가 대부분이다.

인터넷을 비롯한 외부 네트워크와 차단된 업무공간(예를 들어 은행의 업무용 컴퓨터 시스템은 금융망에 연결되며, 정보보안을 위해 인터넷 등 외부망과는 연결되지 않는다.)에서 내부망(LAN)과 연결되지 않은 별개의 네트워크를 구성하여 별도의 인터넷 서비스를 제공하는 경우(예를 들어 은행에서 고객들이 사용하는 인터넷 연결 컴퓨터)가 종종 있기도 하다.

인터넷에 연결된 컴퓨터 네트워크를 통해 내부구성원에 의한 내부정보의 유출은 주로 이메일(email), FTP, 메신저(messenger) 등을 통해 발생한다. 이와 같이 내부정보가 컴퓨터 네트워크를 통해 유출되는 경우를 감시하기 위하여 이메일, 메신저 등의 통신내용을 감시하고 저장하는 별도의 기술적인 감시수단을 운영할 수 있다.

3.1.2. 문제점

내부직원의 인터넷 활용을 감시·통제하는 수단에서는 여전히 미흡한 경우가 발견된다. 예를 들면, 내부직원의 인터넷 이메일 또는 메신저 등의 사용을 네트워크상에서 감시하는 기술적 도구는 알려지지 않은 웹 메일(web mail) 또는 웹 게시판을 통해 전송되는 첨부 파일은 통제하기 어려운 문제점이 있다. 또한 사용이 허용된 인터넷을 통해 가상사설망(VPN)을 이용한 자료전송의 경우에는 이메일 등의 감시도구가 암호화된 전송내용을 인식하거나 내용을 확인하기가 불가능하다.

3.2. PC 활용 분야

3.2.1. 일반 현황

내부구성원 개인별로 활용하는 PC에 대해서는 전통적으로 개인별 PC의 부팅(booting) 또는 스크린보호기(screen saver)의 암호적용, 자료(file)의 암호화 저장 등을 통해 자율적인 정보자료 보호의 방식을 취해 왔다. 그러나 이는 적법한 내부직원에 의한 악의적인 정보자료의 유출과 같은 보안위협에는 대응하기 어렵다.

업무분야 또는 업무특성에 따라 개별 PC에 별도의 보안시스템을 설치하여, PC를 통한 정보자료처리 및 자료유출에 관한 감시·

통제를 정보기술적으로 구현할 수 있다. 또한 개별 PC에 설치된 보안시스템을 통해 전체 PC에 대한 감시·통제를 중앙에서 집중적으로 처리할 수 있다. 감시·통제를 위한 보안시스템의 적용범위는 대개 다음과 같다.

- 인가된 범위 외의 인터넷 사용금지(이메일, 웹서핑, FTP 등)
- PC의 장치연결 및 사용의 제한(USB 등 사용차단) 등
- 개인용 PC의 허용되는 저장용량 할당 또는 저장금지
- 자료의 암호화 저장 및 사용 시 복호화 등

3.2.2. 문제점

내부직원의 개인용 PC 사용에 대해 감시·통제를 위한 보안시스템과 같은 기술적 보안수단을 도입하지 않은 경우에는 개인의 내부정보유출의 위험에 대해서 직접 대응하기가 쉽지 않다. 즉, 개인용 PC의 감시·통제를 위한 기술적 보안수단이 없다면 인터넷이나 휴대용 저장매체(USB 등) 등을 통한 내부직원의 내부 정보자료 유출의 잠재적인 위험이 상존하고 있다고 할 수 있다.

또한 개인용 PC에 감시·통제를 위한 기술적 보안수단을 도입한 경우에도, 다음과 같은 문제점으로 인해 원하는 목적을 이루지 못하는 경우도 있다.

- 개인용 PC에 설치되는 감시·통제 프로그램의 프로세스 삭제 (kill) 문제

- 안전모드 또는 명령 프롬프트(prtompt) 모드에서 통제기능 저하 등으로 USB 매체차단 효과 불능 등

3.3. 정보자료 저장 분야

3.3.1. 일반 현황

주로 개인별 PC를 활용하여 업무를 처리하는 내부 구성원이 정보자료(file)를 저장하는 방식은 크게 다음과 같이 2가지로 나누어진다.

- 개인용 PC를 통해 직접 생성하거나 또는 이메일 등으로 전송받은 정보자료 등에 대해 개인용 PC의 저장장치에 저장하여 개인별로 관리하는 방식이다.
- 정해진 File서버(업무별 또는 부서별로 별도의 File서버일 수 있다.)의 정해진 folder에 개별 직원들이 저장하고자 하는 정보자료를 저장한다. 이러한 경우, 저장된 정보자료는 집중화된 서버에 위치하게 된다.

3.3.2. 문제점

내부직원이 개인용 PC에 정보자료를 저장하는 경우에는, 조직에 적용되는 관리적 보안기준(보안업무규정 등)에 따라 대개 직원 개인의 자율적 통제하에 처리하게 된다. 인터넷 접속에 제한이 없다면, 개인용 PC에 저장된 자료는 내부직원에 의한 불법 자료유출의

위협에 노출되어 있다고 볼 수 있다. 따라서 이를 보완할 수 있는 기술적 보안수단의 도입이 필요하다.

정보자료의 집중화 저장을 위한 File서버의 활용에도 자료유출보안을 위해 다음과 같은 보완적인 방안과 수단이 필요하다.

- 자료저장의 집중화를 위해서는 개인용 PC의 자료저장을 제한하여야 하므로, 개인용 PC에 설치한 감시·통제 프로그램을 통하여 개인 PC의 디스크 및 휴대용저장장치(USB 등)의 자료저장을 제한하여야 한다.
- 집중화된 File서버 저장자료에 대한 보안수단의 미흡은 대량 자료유출 또는 해킹에 의한 위험성이 있으므로, 암호화 저장 등을 통해 저장자료의 보호방안이 필요하다.

3.4. 정보자료 인쇄 분야

3.4.1. 일반 현황

내부 구성원 개개인이 직접 작성하거나, 외부로부터 전송받아 생성하거나, 또는 저장매체에 저장된 정보자료의 인쇄는 개인별 로컬프린터(local printer) 또는 구성원 간에 공유하는 네트워크 프린트를 사용할 수 있다. 정보자료의 인쇄에서 발생할 수 있는 자료유출 보안위협에 대응하기 위해 다음과 같은 수단을 활용할 수 있다.

- 정보자료의 프린트(print)에 대한 사용자별 인쇄권한 관리
- 사용자, 인쇄시점, 인쇄량 등의 인쇄이력(log) 관리 및 인쇄제한
- 워터마킹(watermarking) 등

정보자료의 인쇄 작업에 대한 통제관리 및 워터마킹(인쇄물에 사용자, 이름, 부서명, 특별한 문양 등을 삽입하는 방식) 등은 개별 PC에 설치한 인쇄관리용 소프트웨어를 통해 구현할 수 있다.

3.4.2. 문제점

컴퓨터에 연결된 프린터를 통해 정보자료의 인쇄 작업 통제 또는 인쇄물의 특정 내용을 삽입하는 워터마킹 등을 통해 정보유출의 방지를 유도할 수 있다. 그러나 이미 인쇄된 유형의 인쇄물은 보관과 전달에 있어서 컴퓨터나 네트워크로 처리되는 정보자료와는 그 성격이 다르다.

대체로 인쇄된 정보자료의 외부유출 보안은 일반적으로 관리적 보안 또는 물리적 보안의 정보자료의 보관·열람 통제 또는 출입 통제의 범위에서 관리된다. 인쇄물의 외부유출 방지를 위한 여러 기술적 제안이 있을 수 있으며, 최근에는 RFID 태그를 이용하여 문서의 생성, 보관, 이동 등을 감시·통제하는 기술적 방안이 제안되고 있다.

4. 정보유출방지와 개인 프라이버시

전통적으로 조직의 관리부서는 조직구성원에 관해 많은 정보를 가지게 되는데, 이러한 정보 또는 데이터는 채용, 급여처리, 성과측정, 조직의 유지, 납세, 직원의 건강과 안전의 유지 등 거의 모든 분야에 필요한 것이다. 나날이 발전해 가는 정보기술은 기업의 중요 사업이나 인사문제 등에서의 의사결정 과정에 보다 폭넓게 활용되고 있다.

이러한 정보환경에서 인터넷이나 휴대용 저장장치의 대중화로 인해, 조직정보의 보안과 내부보안위협에 의한 정보유출 등의 피해는 보다 심각해질 가능성이 있다. 이에 대비한 기술적인 보안의 수단으로, 구성원의 정보 활용을 감시(surveillance 또는 monitoring)하고 통제(control)하는 기술수단을 도입할 수 있다. 그러나 이러한 수단은 조직의 정보보호라는 목적과는 별개로, 내부구성원 개인의 정보행위가 감시받고 있는 데서 기인하는 프라이버시 침해문제와 상충할 수가 있다.

기업과 같은 조직에서 생산성, 위험요소의 발견이나 예방 등과 같은 경영상의 관심분야를 위해 종업원 개인의 프라이버시에 관한 권리는 그동안 양보해 온 경향을 보여 왔다고 할 수 있다. 내부보안위협에 의한 정보유출방지를 위해 최근 활발히 도입되는 제반 정보보안 수단, 특히 기술적 보안수단의 활용과 개인의 프라이버시 문제 간의 상충을 피하는 방안을 미리 탐색해 가는 것도 해결해야 할 과제로 인식되고 있다.

제Ⅲ장 정보자료유출 대응체계

　　정보자료의 유출은 정보자료가 생성되어 폐기될 때까지 전 과정에서 발생할 수 있다. 따라서 본장에서는 정보자료 라이프사이클(life cycle, 생애주기)의 세부 단계를 살펴봄으로써 정보유출이 가능한 단계를 생각해 보기로 한다. 그리고 정보자료의 유출방지를 위한 보안강화 체계의 전반적인 구성에 대하여 정리하기로 한다.

1. 정보자료 라이프사이클

　　정보자료의 유출은 정보자료의 생애주기(life cycle), 즉 정보자료가 생성되어 폐기되기까지의 전 과정에서 발생할 수 있다. 정보자료의 외부유출 방지를 통제하기 위한 대안수립을 위해서는, 조직에서 관리되는 정보자료의 라이프사이클을 세밀히 분석하는 것이 문제해결의 첫 단계이기도 하다.

따라서 본 절에서는 정보자료의 라이프사이클에서 가능한 정보자료의 처리과정 및 비인가자의 접근경로(정보유출의 가능위치) 등을 확인해 보기로 한다. 이를 통해 정리된 보안위험 요소는 내부 정보자료 보안의 기술적 필요기능, 내부자 감시·통제 항목, 정보자료의 운영감사, 내부자 정보 활용 로그관리 등에서 주요 요소항목으로 활용할 수 있다.

정보자료의 라이프사이클은 정보가 생성되어 폐기되기까지의 전 과정을 의미하며, <그림 3-1>의 '생성'단계⇨'저장'단계⇨'활용·유통'단계⇨'폐기'단계와 같이 여러 단계의 흐름으로 분류할 수 있다.

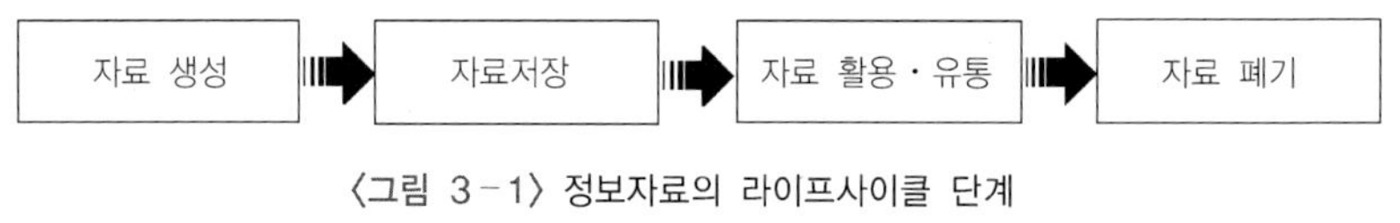

〈그림 3-1〉 정보자료의 라이프사이클 단계

본 절에서는 이와 같은 정보자료 라이프사이클의 구성단계를 세부항목으로 분류하고 정보자료 유출 가능성을 검토해 보기로 한다.

1.1. 정보자료 처리내용

정보자료 라이프사이클 단계별로 가능한 정보처리 행위의 세부 구성 요소들을 다음과 같이 정리할 수 있다. 이와 같은 요소들은 조직구성, 업무환경, 사무실 분산 정도, 아웃소싱(outsourcing) 형태 등에 따라 다양하게 구성될 수 있다. 구성한 정보처리 행위의 세부 구성 요소는 정보자료 유출에 대한 평가는 물론 일반적인 정보보안수준 평가의 대상이 될 수 있다.

1.1.1. 정보자료 생성단계

정보자료의 생성은 조직구성원 개개인이 직접 또는 외부로부터 입수하여 정보자료를 생성하는 단계이다. 복사나 인쇄 등에 의해서도 정보자료는 생성된다. 나열하면 다음 항목들과 같다.

- 정보 입력 및 file 생성(응용 소프트웨어 및 장치 이용)
- 내·외부 컴퓨터로부터 네트워크를 통한 정보자료의 수신
- 휴대용 기기(디지털카메라, 휴대폰카메라 등)를 통한 정보취득
- 프린터 및 복사기를 통한 인쇄자료 생성 등

1.1.2. 정보자료 저장단계

다음 항목들과 같이 생성한 정보자료에 대해 재사용, 추후 참조, 증빙 등의 목적으로 저장 또는 보관 수단에 일정기간 보유하는 단계이다.

- 개인용 컴퓨터(desktop/laptop PC)의 Disk에 저장
- 내부 네트워크(LAN)상의 서버 시스템(File서버, EDMS 등)에 저장
- 외부 네트워크(인터넷)상의 서버 시스템에 저장
- 휴대용 저장매체(USB memory, CD－ROM, diskette, 휴대폰 memory

등)에 저장

• 인쇄물 보관설비(서랍, 책꽂이, 캐비닛 등)에 보관 등

1.1.3. 정보자료 활용·유통단계

생성 또는 저장된 정보자료는 개개인의 참조, 정보전달, 공유 등을 위해 활용되거나 유통되는 다음의 과정들을 거친다.

• 개인용 PC에 저장된 자료를 직접 조회
• 컴퓨터 네트워크를 통한 활용 및 유통
    - LAN 활용(그룹웨어, file 공유 등)
    - 정부통합망(업무망)상의 통신매체
    - 인터넷 통신수단(e-mail, FTP, messenger, Web 등)
    - 무선 네트워크(블루투스, 적외선통신 등) 활용
• 휴대용 매체를 통한 활용 및 유통
    - 휴대용 기기(노트북 PC, 휴대용 저장매체)를 통한 전자자료 활용 및 유통
• 인쇄자료의 활용 및 전달
• 전신자료 활용 및 유통(fax, 전화 등) 등

1.1.4. 정보자료 폐기단계

생성, 저장된 정보자료에 대해서 더 이상 가치가 없거나 또는 비밀유지 등을 위해 다음의 폐기과정을 거치게 된다.

- 정보자료의 폐기(file 및 data 삭제 등)
- 인쇄자료의 폐기(인쇄물의 폐기, 소각 등) 등

2. 정보자료 유출방지를 위한 보안강화 체계

　정보자료 또는 정보의 유출방지 대상이 내부 자료의 외부유출이며, 이는 주로 조직내부에서 구성원에 의해 이루어지므로 '조직의 내부자위협(insider's threat)에 의한 정보보안'이 정보자료 유출 방지의 주 대상이 된다. 내부자위협에 의한 정보자료 유출에 대응하기 위한 방안은 다음과 같은 세부 분야로 분류할 수 있다.

- 정보자료 보호 및 통제의 관리적 체계
- 중요 정보자료의 식별, 분류 및 위험분석
- 정보자료 유출 방지를 위한 보안관리
- 사무실(기기) 및 저장매체의 보안관리
- 정보자료 유출통제를 위한 인적, 기술적, 물리적 조치
- 정보자료 유출의 대응체계 및 사후관리 등

2.1. 정보자료 보호 및 통제의 관리적 체계

2.1.1. 정보자료 보호 및 통제를 위한 규정체계

정보자료의 유출통제를 위한 별도의 규정화된 지침과 필요한 업무절차 또는 업무매뉴얼 등이 필요하다. 이는 기본적으로 정보자료의 보호 및 통제에 대해 구성원의 역할과 업무절차를 정하는데 있다. 또한 부대효과로서 조직 전반에 정보유출통제에 대한 이해와 인식수준을 높이는 데도 효과를 가진다. 따라서 정해진 규정체계에 관해 구성원에 대한 추가적이고 지속적인 교육이 필요하기도 하다.

2.1.2. 정보자료 보호 및 통제를 위한 조직체계

정보자료 보호 및 통제를 위한 역할과 책임을 가지는 조직을 구성하는 것이 필요하다. 예를 들어, 각 부서장이 정보자료의 보호 및 통제를 위한 단위 보안담당책임자 또는 특정 임원이 조직 전체의 보안책임자로 임명되고, 각각의 역할이 정의되어 있어야 한다.

2.2. 중요 정보자료의 식별, 분류 및 위험분석

2.2.1. 중요 정보자산의 식별, 분류

보유한 정보자산에 대해 조직 전체 또는 단위 부서별로 정보자산을 분류하고 목록을 관리하여야 한다. 정보자산의 분류는 다양하게 이루어질 수 있으나, 다음의 분류사례를 참고할 수 있다.

- 서버: 서버운영체제(윈도우, 유닉스, 리눅스 등)를 사용하고 있는 정보시스템 장비
- 보안장비: 침입차단시스템, 침입탐지시스템 등의 정보자산을 보호하기 위한 정보보호시스템
- 네트워크설비: 라우터, 스위칭 장비 등 통신망 운영에 필요한 장비
- 소프트웨어: OS, DBMS, 그룹웨어, 응용시스템 등 정보시스템에서 실행되는 시스템SW 및 응용SW
- PC: 개별 구성원이 사용하는 데스크톱 또는 노트북 컴퓨터
- 정보: 정보시스템, 저장매체에 입력·보관되어 있는 자료
- 부대설비: UPS, 항온항습기, 발전기, 출입통제시스템 등과 같은 설비
- 기타설비: 그 외 저장장치·백업·주변기기 부품 등과 같이 정보시스템 운영을 위한 장비

정보자료의 사용자는 문서를 포함하는 정보자료 및 정보자산에 대하여, 비밀분류기준에 따라 정보비밀, 대외비, 비공개 등과 같은 비밀등급으로 분류하여 관리해야 한다. 필요에 따라 정보자료별로 비밀번호(암호)를 설정하거나, 표시(라벨링 등) 기준을 마련하여 보안 중요성의 식별 및 인식수준을 높이는 등의 관리가 필요하다.

2.2.2. 중요 자료의 위험분석

조직 내에서 보호대상으로 식별된 정보자료의 중요도(불법 외부
유출을 포함한 보안침해의 경우에 발생하는 피해 정도)를 산정하
고, 각 정보자료별 위협과 취약성 요소를 식별하여 정의하는 것이
필요하다. 그리고 각 식별된 요소에 대한 위험도를 분석하여 수용
가능한 위험수준(DoA: Degree of Assurance)을 정하고, 필요한 위험
관리 대책을 수립하는 것도 보안관리에 효과적이다. 또한, 정보자
료의 추가, 변경, 폐기 등에 따라 주기적으로 위험도를 분석하고
평가하여(<그림 3-2> 참고), 조직이 처하고 있는 정보자료의 위
험도를 갱신하고 적절한 대책을 수립하는 것이 필요하다.

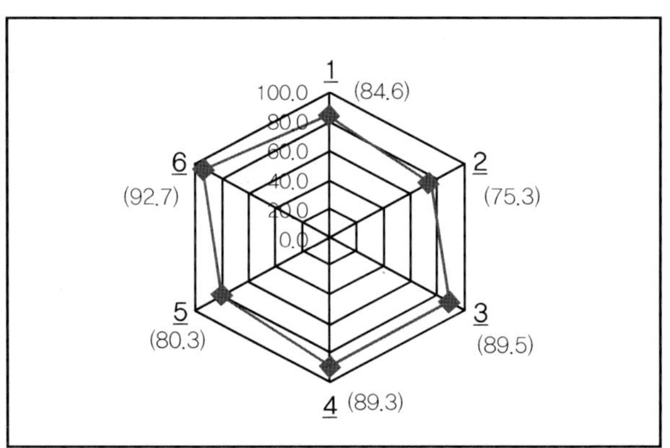

〈그림 3-2〉 보안위험요소(1~6)의 위험도 평가결과 사례

2.3. 정보자료 유출 방지를 위한 보안관리

2.3.1. 문서 보안관리

조직의 정보보안에 필요한 규정을 갖추고, 이에 따라 비밀문서를 생성, 관리 및 주기적으로 파악하여야 하는 것이 필요하다. 즉, 비밀문서의 취급, 보유현황, 보고 등의 절차가 명시적으로 정의되고 실제 실행이 되도록 한다. 다음 사항은 문서보안 관리의 주요 점검사항에 해당하는 사례이다.

- 비밀 또는 대외비 등에 해당하는 문서는 비밀문서 대장에 기록하고 내화금고 또는 이중 캐비닛에 보관하여 관리한다.
- 비밀문서의 열람 시 비밀문서 열람목록에 열람사항을 기록하여야 한다.
- 보존기간이 끝난 비밀문서는 비밀파기 절차에 따라 천공, 분해, 용해, 소각 등으로 파기한다.
- 비밀문서에 해당하는 원본 데이터(file)의 PC 등에 저장 및 이용현황을 부서별로 점검하여야 한다.

2.3.2. 비밀자료의 전자적 관리

컴퓨터 및 정보통신 수단을 이용하여 비밀자료를 취급하는 경우에는 적절한 기준의 보안시스템을 사용하여 암호화하는 등의 안전성을 확보하여야 한다. 비밀자료를 전자적으로 생산하는 경우에는 비밀등급 등을 명기하여 열람 또는 출력 시 비밀등급이 표시되도록 하는 것이 좋다.

비밀자료가 문서로 생성이 완료된 경우에는 노트북 및 컴퓨터에 입력된 비밀내용은 삭제하는 것이 적절하다. 비밀자료가 문서로 생성된 이후에 전자적 보관이 필요한 경우에는, 보안담당자의 승인에 따라 보조기억매체를 별도로 지정하여 사용하거나 컴퓨터 내에 독립된 공간을 지정하여 암호화하는 등의 보안수단을 활용하는 것이 필요하다.

2.3.3. 전산자료(보조기억매체 포함) 저장의 보안관리

문서가 아닌 컴퓨터로 처리되는 장치에 저장되는 정보자료가 비밀 및 대외비 등에 해당하는 경우에는 다음과 같은 형태의 정보자료 보안관리가 필요하다.

- 전산자료의 복사본이 필요한 경우에는 별도의 안전지역(규정에서 명시한 통제구역 및 보관장소 등)에서 보관하는 것이 필요하다.
- 비밀취급인가자가 비밀 및 대외비에 해당하는 전산자료를 보조기억매체에 저장할 경우에는 유출, 훼손, 위변조, 비인가자 접근 등에 대비한 보안대책을 수립하여 보안담당자의 확인절차를 통하여 처리한다.
- 전산자료를 저장하는 보조기억매체의 목록을 파악 및 식별하고 취급자를 지정하여 관리하는 것이 필요하다.
- 대외비 등과 같이 일정등급 이상의 전산자료는 기밀성을 높이기 위한 보안수단(비밀번호, 암호화 등)을 적용하도록 한다.

2.4. 사무실(기기) 및 저장매체의 보안관리

2.4.1. 사무실(기기)의 보안관리

조직의 업무공간에 해당하는 각 사무실은 미리 정하여진 보호구역의 등급(제한구역, 통제구역 등)에 따라 비인가자의 출입을 통제하는 조치가 필요하다. 즉, 보안담당자는 보호구역에 대해서는 외부자에게 비공개로 하거나, 잠금장치를 통하여 물리적으로 통제한다. 경우에 따라 외부 게시물 및 건물 구조도에는 보호구역을 표시하지 않는 것도 고려하여야 한다.

제한구역은 CCTV 또는 위치감지시스템 등을 설치하여 24시간 모니터링하거나, 방문자 등 출입비인가자에 대해서는 출입을 제한하는 조치도 필요하다. 제한구역의 출입문에는 생체인식시스템 또는 카드키 등을 설치하여 무단출입을 방지하도록 하는 것이 적절하다.

개인용 PC는 지정된 사용자 이외에 접근을 제한하고 작업 중인 PC의 자료 노출을 제한하기 위한 보안관리 기준이 있어야 한다. 예를 들면, CMOS 및 운영체제의 로그인(login) 패스워드 설정 또는 일정시간 이상 자리를 비우는 경우 화면보호기 작동하는 방안이 있다. 노출 및 유출이 우려되는 문서(자료)는 취급자 없이 책상 위에 방치되지 않도록 한다.

프린터로 출력되거나 복사되는 비공개 문서는 타인이 접근하지 못하게 하고, 프린터나 복사기 주위에 방치하지 않도록 해야 하며, 원본 문서는 즉시 회수하도록 한다. 잘못 인쇄된 비공개 문서는 파쇄기를 이용하여 폐기하며, 이면지로 활용하지 않도록 한다.

전화 및 휴대폰 통화 시 보안상 민감한 내용을 통화하는 경우에는, 상대방의 신원을 확인하여야 하며 내부 현황 및 개인정보를 누설하지 않도록 한다. 팩스를 이용한 비밀자료의 송수신에는 암호장비 등의 보안수단을 이용하도록 한다.

2.4.2. (보조)저장매체의 보안관리

업무용으로 사용하는 보조저장매체(USB 메모리 등)는 필요한 보안적합성 검증을 받은 제품을 도입하는 것이 적절하다. 각 부서의 보안담당자는 사용 중인 보조저장매체의 목록을 유지하며, 저장내용에 따라 구분하여 사용하도록 한다.

2.5. 정보자료 유출통제를 위한 인적, 기술적, 물리적 조치

2.5.1. 인적 보안조치

신규로 채용 또는 근무하는 직원에 대해서는 사전에 신원조회 등에 의해 근무의 적격 여부를 확인하는 과정을 거친다. 그리고 보안서약서와 같이 업무수행 시 정보자료 보호책임과 통제절차를 준수할 것을 요구하도록 한다. 그리고 보안책임자 또는 보안담당자의 임명과 교육, 소속 직원에 대한 정보자료 유출에 대한 보안관리 및 개선 등의 활동을 지속적으로 유지하도록 한다.

2.5.2. 기술적 보안조치

• 저장 또는 인쇄에 대한 기술적 통제

개별 PC 또는 집중된 자료(File서버, 데이터베이스 서버 등에 저장된 자료)에 대한 기밀성(secrecy) 및 무결성(integrity)을 높이고 사용자의 책임추적성 및 인쇄물의 유출방지를 위해 기술적인 수단(내부정보유출방지시스템, DRM 등)을 활용할 수 있다. 또한 개별 PC의 운영체제(OS)에 대한 보안기능의 유지를 위하여 주기적인 업그레이드 및 보안패치를 설치하여야 한다.

• 통신상의 기술적 통제

인터넷 등을 통한 외부의 보안침해요인으로부터 내부 정보자료를 보호하기 위한 방화벽의 설치 및 운영, 또는 PC에 악성코드에 대응하기 위한 백신프로그램을 설치하여 운영하는 것이 필요하다. 또한 내부 직원 간 자료의 송·수신에서 기밀성의 유지를 위한 별도의 폐쇄통신망 및 가상사설망(VPN) 등의 적절한 활용이 효과적이다. 인터넷 등을 통해 자료를 외부에 전송하는 경우에는 암호화하여 송신할 수 있는 기술적인 수단을 활용하는 것이 정보보호에 효과적이다.

2.5.3. 물리적 보안조치

방문자 또는 직원에 의한 내부 정보자료의 물리적 유출을 방지하기 위해서는 물품 반출입시에 문서, 전산자료(저장매체, 출력물 포함) 등의 정보자료를 별도로 식별하여 통제하는 절차나 설비 등을 갖추는 것이 필요하다. 대외비 등 일정등급 이상의 자료가 보관되는 장소에 대해서는 별도의 출입통제 대책 및 모니터링(CCTV 등) 대책을 마련하여 운용하는 것이 효과적이다.

저장매체를 포함하는 정보자산의 반출 시에 대비하여 저장매체에 존재하는 정보자료의 내용을 확인하는 절차와 필요한 장비를 갖추어야 한다. 비공개 이상의 비밀등급에 포함되는 정보자료가 저장되어 있는 경우 완전삭제(데이터 복구가 불가능한 수준)하는 것이 필요하다. 컴퓨터 등과 같은 장비의 폐기가 필요한 경우, 포함된 저장매체를 재사용할 수 없도록 불용처리하고 해당 장비의 사용기관, 부서, 사용자 등을 인식할 수 있는 표시를 제거하여야 한다.

2.6. 정보자료유출의 대응체계 및 사후관리

2.6.1. 정보자료 유출 대응체계

정보자료 유출 등의 보안침해사고의 발생에 즉각 대응할 수 있는 침해사고 대응체계(조직구성, 절차 등)를 갖추는 것이 필요하며, 그 외에 다음 사항을 추가적으로 준비하는 것이 적절하다.

- 정보자료 유출사고가 발생하는 경우에 대응(초동대응 및 분석 등의 업무)을 위한 정보유출보안 전문인력
- 외부의 보안전문 공공기관(KISA, 국정원, 정보보안 전문기업 등)과 정보자료 유출사고 등의 정보를 공유하고 대응을 위한 협조체계 유지

- 정보자료 유출사고의 발생에 대응하기 위해 교육계획을 갖추고
  전 직원에게 적절한 정기적 교육을 실시 등

2.6.2. 정보자료 유출 사후관리

정보자료 유출사고의 발생이 발견되면 즉각 준비된 대응체계에 의해 필요한 조치를 신속하게 취하여야 한다. 또한 필요한 사후 실태조사 및 보고, 유사한 보안사고의 재발방지 대책을 함께 수립하는 것이 필요하다. 그리고 드러나지 않은 정보자료 유출의 파악 또는 대응실태를 점검하기 위한 기준(규정, 점검목록)과 계획을 갖추는 것이 필수적이다. 이를 통해 실시한 실태조사의 점검결과에 따라 필요한 보안조치를 상시적으로 취하며 취약요소를 보완하는 것이 필요하다.

3. 내부보안위협의 기술적 대응체계

내부자위협에 대한 정보자료 유출통제의 기술적 대응방안은 최근에 내부자위협의 이슈화와 더불어 강조되고 있는 '감시 및 통제(surveillance and control)'의 분야에 해당한다. 이 분야는 내부구성원에 의한 정보자료 활용의 전반적인 범위를 '감시(surveillance)'하고 허용범위를 넘어선 정보 활용 행위를 '통제(control)'하는 방향으로 보안수단을 구성하는 방식이다. 감시·통제의 기능이 수행하기 위한 전제 사항으로 '정보시스템 자산관리'와 '감시·통제 정책

관리'가 필요하며, 아래 <그림 3-3>과 같이 표현할 수 있다.

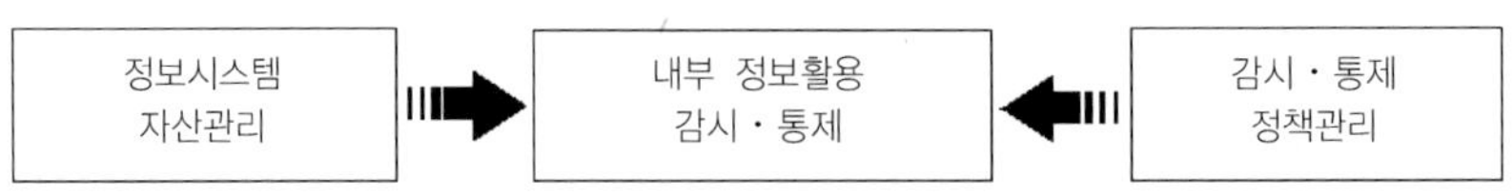

(Internal Surveillance & Control)

〈그림 3-3〉 내부보안위협 대응체계

3.1. 정보시스템 자산관리

정보보안의 측면에서 '정보시스템 자산관리'는 감시·통제의 대상이 되는 정보시스템 자원을 먼저 파악하는 것을 목적으로 한다. 감시·통제의 대상이 되는 내부구성원이 활용하는 제반 정보시스템 자산을 파악하여, 감시·통제의 기반을 마련할 뿐만 아니라 조직 정보자산관리를 지원할 수 있다.

예를 들어, 개인/부서별/전체 PC에서 사용하는 HW 및 SW의 버전(version), 수량, (사)용량, 프린터 등을 집계하는 것이다. 즉, 사용자의 PC에 어떤 종류의 응용 프로그램과 어떤 종류의 정보가 사용되고 있는지를 파악하는 것이 효과적인 감시·통제의 사전 조건이 된다.

3.2. 감시 · 통제 정책관리

　감시 · 통제 정책관리는 감시 및 통제의 대상과 범위 그리고 기준을 정하는 것이다. 내부구성원의 정보 활용에 대해 권한 및 범위 등을 설정하여, 이를 감시 · 통제의 기준으로 적용하는 것이다. 예를 들어, 부서A에 대해서는 과장급 이하의 사원에 대하여 인터넷의 사용을 이메일(email)의 사용만을 허용하고, 허용범위를 벗어나는 경우에는 필요한 승인절차를 거치게 하는 방식이다.

정보유출방지의 기술적 수단

내부 정보자료의 유출방지를 위한 기술적인 수단은 타 보안수단에 비교하여, 내부 구성원 개개인의 정보 활용에 있어서 보다 직접적이고 연속적인 효과를 가진다고 할 수 있다. 본장은 이러한 기술적 수단에 대하여 구성요소와 제공되는 솔루션의 종류 등을 살펴보기로 한다.

1. 일반적인 정보유출통제 기술수단

정보기술을 활용하여 내부 정보자료 유출을 통제하기 위한 수단은 <표 4-1>과 같이 정보자료전송 분야, 개인 PC 활용 분야, 정보자료저장 분야, 정보자료인쇄 분야의 4분야로 나누어서 정리할 수 있다. 각각 독립적인 범위에서 정보자료 유출을 방지할 수 있는 기능을 발휘할 수 있다. 최근에는 각 영역의 정보시스템 수

단들이 기능적으로 확장되어 감으로써, 영역 간 기능이 서로 중복
이 되거나 또는 상호 보완적인 관계로 발전하고 있다.

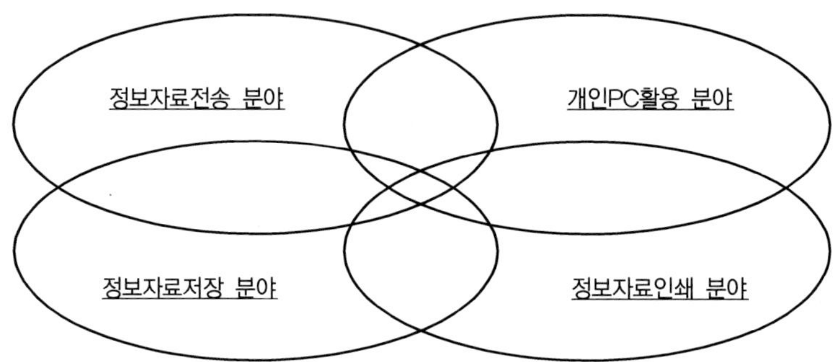

〈그림 4-1〉 기술적 정보자료 통제방안 영역과 영역간 상호보완

〈정보자료전송 분야〉

내부 네트워크(LAN)나 인터넷 등을 통해 정보자료의 유출을 통
제하기 위해 다음의 수단들이 활용된다.

• 방화벽
• 인터넷 통신서비스(email, 메신저, FTP 등) 감시·통제 수단
  - 서비스 사용이력 및 전송내용 저장
• 네트워크 접근제어(NAC) 등

〈개인 PC 활용 분야〉

데스크톱 컴퓨터나 노트북과 같이 개인용 컴퓨터단말기를 통해
이루어지는 정보유출을 통제하기 위한 수단이 활용된다.

• PC 보안시스템

  - PC를 통한 모든 정보행위의 개인별 감시 및 권한통제

  - PC 자원의 사용제한: folder 숨김, folder별 메모리 할당, port/
    프로세스 사용통제 등

〈정보자료저장 분야〉

정보자료의 저장위치를 통제하거나 암호화하여 정보자료의 유출
방지를 위한 수단들이다.

• PC 보안시스템

  - PC 저장의 금지 및 제한(허용 folder 및 memory 제한)

  - 특정 folder(또는 disk) 단위의 암호화 또는 용량할당

• PC DRM 및 Server DRM

  - PC DRM: PC에 저장되는 정보자료를 적용 가능한 응용시스
    템(application)에 대해 암호화

  - Server DRM: File서버 또는 EDMS에 집중된 정보자료를 암호
    화하거나, 또는 평문을 암호화하여 사용자 PC로 다운로드
    (download)

• 정보자료 집중관리: File서버 또는 EDMS

  - File서버: PC보안 솔루션을 추가한 저장자료 암호화 및 접근권
    한 관리 및 통제

  - EDMS: 전문적인 정보자료 집중관리 솔루션

<정보자료인쇄 분야>

정보자료의 인쇄작업 또는 인쇄물에 대해 적절한 유출방지를 위한 다음의 수단들이 활용된다.

- Print작업관리
    - Print작업에 대한 권한, 로그 등 관리
- Print DRM
    - Print작업관리 + 워터마킹(watermarking)

1.1. 정보자료전송 분야

1.1.1. 방화벽

정보자료전송 분야의 대표적인 보안도구인 방화벽(firewall)은 인터넷을 비롯한 네트워크를 통해 이루어지는 외부침입에 대응하는 목적이 크지만, 내부자의 네트워크를 통한 정보자료의 외부유출 트래픽(traffic)을 통제할 수도 있다. 단, 방화벽은 통제하고자 하는 통신 네트워크 전체 차원에 대해 통제방식을 적용하기에는 용이한 반면, 개별 사용자별로 서로 다른 세부적인 통신내용에 대해 통제하기에는 적합하지 않다. 따라서 방화벽은 내부 정보자료의 유출방지에 대해 개별 사용자에 대한 통제보다는, 조직 전체의 공통적인 정보자료전송의 위험요소에 대해 통신 네트워크를 통제하는 데 더 적절한 방안이라고 할 수 있다.

1.1.2. 인터넷 통신서비스 감시·통제 수단

내부망(LAN)에서 외부망으로 접속되는 부분인 게이트웨이(gateway) 상에서 내부에서 외부로 전달되는 통신 메시지(message)를 분석하여 인터넷상의 통신서비스인 이메일(e-mail), 메신저(messenger), 파일전송(FTP) 등의 이용을 감시·통제하고, 전송내용을 저장하거나 로그를 관리할 수 있는 수단이다. 단, 미리 알려진 전송 메시지의 패턴(pattern)을 통해서만이 통제 대상을 확인할 수 있으므로, 미리 전송 메시지의 패턴이 파악되지 않은 경우의 통신서비스에 대해서는 감시·통제가 완전하지 않을 수 있다. 그리고 전송내용이 암호화하기 위해 가상사설망(VPN) 서비스를 사용자의 PC에서 활용하는 경우에는 전송내용을 파악하기 어려우므로, 본 수단을 적용하기에는 한계가 있다.

1.1.3. 네트워크 접근제어(NAC: Network Access Control)

흔히 NAC로 일컬어지며, 네트워크에 접속하는 모든 정보기기에 대해 엄격한 보안기술을 적용하기 위한 방안을 통칭하는 것이다. 네트워크(LAN)에 접속하는 사용자가 정당한 사용자인지 또는 PC 등 단말기가 필요한 보안정책의 준수 여부를 확인하여 네트워크 접속을 통제하는 방식이다. 개념적으로 네트워크를 통한 내부정보의 전송을 통한 유출을 근원적으로 차단할 수 있는 방안으로 알려져 있다. 2009년 현재, 여러 보안전문기업들의 관심 속에 개발이 추진 중인 분야이며, 실제 성공적으로 구현이 가능한 응용시스템은 아직 미진한 단계이다.

1.2. 개인 PC 활용 분야

조직 구성원 개인의 일반적인 정보단말기인 PC에 대하여 활용 전반을 감시·통제하기 위한 정보기술적인 수단이다. 최근 내부정보의 유출사고와 관련하여 조직 전체의 정보유출방지를 의미하는 DLP(Data Loss Prevention)가 관심분야가 되고 있는데, DLP에서 가장 기본적으로 다루는 분야가 '개인 PC 활용 분야'이다. 본 서적에서는 동 분야에 해당하는 정보기술적인 수단을 'PC **보안시스템**'으로 칭하기로 한다.

PC 보안시스템으로 분류되는 여러 솔루션들이 제공하는 기능은 상업적인 솔루션마다 차이를 보이고 있으며, 타 범위의 솔루션과 보완효과를 고려하여 적절히 선정하여 활용하는 것이 필요하다. PC 보안시스템을 통해 구현할 수 있는 일반적인 기능을 나열하면 다음과 같다.

- 조직 전체의 PC에 설치된 정보시스템(하드웨어 및 소프트웨어) 자산관리 및 사용권한 통제
- 개인별 PC의 모든 정보행위를 감시 및 권한통제: 인터넷 사용(웹, 이메일, 메신저, FTP 등), 파일 작성 및 저장, USB 등 사용, 화면 캡처, 키보드 입력사항 등
- PC 자원의 사용제한: folder 숨김, folder별 메모리 할당, 포트(port) 및 프로세스 사용통제
- 정보보호: 저장자료의 암호화, 정보자료의 완전삭제(복구불능) 등

1.3. 정보자료저장 분야

조직구성원에 의한 정보의 생성은 일반적으로 사용자의 PC에서 일차적으로 이루어지고 저장된다. 이와 같이 저장된 정보자료의 외부유출을 대처하기 위한 기술적 방안으로는 개별 PC에서 개인의 정보자료저장 통제, 저장자료의 보호를 위한 암호화, 정보자료의 저장위치를 자신의 컴퓨터 디스크는 물론 네트워크상의 다른 컴퓨터 장치의 저장수단에 강제로 저장하게 하는 방식 등이다.

이러한 기술적 방안들을 응용한 방식으로 PC 보안시스템, DRM (Digital Rights Management) 수단, 정보자료 집중관리 수단 등이 있으며 정보자료저장 분야에서 내부정보유출에 대한 보안수단으로 활용할 수 있다.

1.3.1. PC 보안시스템

개인의 PC를 통한 정보처리 행위를 감시·통제하는 것을 주목적으로 하는 PC 보안시스템은 PC 내 정보자료저장을 통제하거나 암호화하여 저장하는 아래의 기능을 제공하기도 한다. 단, PC 보안시스템 솔루션별로 기술적인 구현방식에는 차이가 있을 수 있다.

- 정보자료의 PC 저장 금지 또는 제한: 저장 가능한 folder 지정
- 특정 folder(또는 disk) 단위의 정보자료 암호화 또는 저장용량 할당

1.3.2. DRM 수단

DRM(Digital Rights Management) 수단은 디지털 정보자료의 저작권(copyrights)을 보호할 목적으로 암호화기술을 주로 사용하며, 디지털 정보자료의 접근권한과 조회(읽기) 횟수 등을 통제하는 기능을 제공한다. '문서DRM'과 '멀티미디어DRM'으로 나누기도 하는데, 최근에 일반 기업에서 내부 자료 보호에 보편적으로 사용하는 수단은 '문서DRM'에 해당된다. 정보자료저장 분야에서 내부정보유출의 방지를 위한 DRM 수단은 대개 'PC용 DRM' 및 '서버용 DRM'으로 구분할 수 있다.

DRM 수단에서 실행되는 정보자료의 암·복호화는 일반적으로 공개키 기반(PKI)을 활용한다. 보통 사용자의 공개키로 암호화하여 저장하고, 개인키로 복호화하여 조회하는 형식을 취한다. 사용자 개인의 키(key)관리 또는 사용로그 등을 관리하는 별도의 서버용 프로그램을 운영하는 형태를 가지는 경우가 많다. <그림 4-2>는 키(라이선스) 관리용 서버를 포함하는 PC용 DRM(DRM 클라이언트)과 서버용 DRM의 구성사례를 보여 준다.

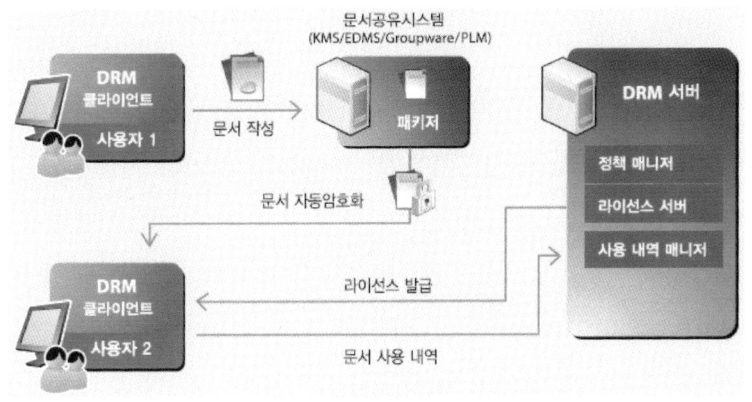

〈그림 4-2〉 DRM의 구성도 사례

• PC용 DRM

PC용 DRM은 개인용 PC 또는 노트북컴퓨터에서 응용시스템을 통한 생성자료의 저장 시에 저장되는 자료를 자신의 디스크에 자동으로 암호화하여 저장한다. PC용 DRM이 특정 소프트웨어(예를 들어, 흔글)가 정보자료를 저장한다는 것을 인식을 하여야 하는데, 특정 소프트웨어의 '저장명령 신호'를 후킹(hooking)함으로써 이루어진다. 이때 PC용 DRM은 해당 응용시스템의 저장명령신호를 사전에 알고 있어야 한다.

따라서 저장신호의 후킹이 가능한 응용시스템 또는 저장자료 파일명(file name)의 확장자(extension)를 확인할 수 있는 경우에 한하여 PC용 DRM이 작동하여 암호화하여 저장한다. 암호화되어 저장된 자료를 읽을 때에는 해당 정보자료(file)를 PC용 DRM이 복호화하여 제공한다.

• 서버용 DRM

서버용 DRM은 정보자료의 집중관리수단 또는 공유시스템(File서버, EDMS 등)을 사용하는 경우에, 자료집중 서버의 자료를 개인용 PC로 다운로드하는 순간에 암호화하여 전송한다. 또는, 개별 PC에서 LAN상에 연결된 자료집중 서버로 정보자료를 암호화하여 저장한다. 정보자료를 암호화하는 경우에 PC용 DRM과 마찬가지의 저장신호의 후킹 및 파일명 확장자를 확인하여 암호화한다. 서버용 DRM은 개인용 PC에 설치된 에이전트(클라이언트) 프로그램과 연동하여 필요한 암호화 처리 및 정보자료 접근권한 정책관리, 조회 횟수 통제 등을 처리할 수도 있다.

1.3.3. 정보자료 집중관리 수단

정보자료의 집중관리 수단은 조직 구성원 간에 공유할 정보자료를 별도의 서버(server) 컴퓨터에 집중·저장하기 위한 것이다. 이를 통해 구성원 개인별 또는 부서별 접근권한 등을 관리하거나, 다양한 전자문서를 체계적으로 분류하여 지식관리(knowledge management) 등과 같이 정보자료 활용의 효율성을 높이는 목적으로 활용된다.

최근에는 조직의 정보자료 유출의 위험이 있는 정보자료 자체를 개인용 PC에 전혀 저장하지 않고 File서버 등과 같은 집중관리 수단에 저장하는 방식이 활용되고 있다. 이와 같은 방식은 정보자료의 내부구성원 개인에 의한 유출을 근원적으로 차단하여, 내부자위협에 의한 정보자료 유출의 보안방식으로 활용된다는 것을 의미한다. 정보자료의 집중관리에는 다음과 같은 수단이 활용된다.

- File서버(server)

저장된 정보자료에 대해 접근권한을 관리하고 인가되지 않은 접근을 통제할 수 있는 기본수단이다. 단, 조직구성원의 모든 정보자료를 집중하여 저장하기 위해서는 기술적으로 개인용 PC와 같은 사용자 단말기에서 근원적으로 정보자료저장을 제한시키는 기능을 보완적으로 사용하는 것이 필요하다. 웹(web)을 통한 가상서버(virtual server) 기술을 활용하여 개별 PC들이 File서버에 접근하기도 한다.

- EDMS(Electronic Document Management System)

전문적인 정보자료 집중관리 수단이며, File서버에 비해 체계적인 정보자료관리가 가능하다. 단순 File서버와 달리, 사용자 PC에 클라이언트(에이전트) 프로그램을 설치하여 사용자의 활용편이성을 제공한다. 실제 자료를 저장하는 서버 측에서는 관리자용 프로그램을 통해 저장된 정보자료에 대한 제반 관리기능(권한관리, 조회횟수 관리, 정보자료 암호화 등)을 수행할 수 있다. File서버에서와 마찬가지로 조직 전체의 사용자 단말기에서 근원적으로 정보자료저장을 제한시키는 기능을 보완적으로 사용하는 것이 필요하다.

1.4. 정보자료인쇄 분야

정보자료의 인쇄는 기술적인 보안요소뿐만 아니라 인쇄물의 물리적인 통제가 요구되는 만큼 물리적 보안요소의 중요성이 함께하는 특성을 가진다. 따라서 정보자료인쇄에 대한 정보자료통제의 기술방안은 오프라인(offline)상에서 가지는 물리적 보안의 효과를 제공하는 방식이 필요하다. 정보자료인쇄 분야에서 상업적으로 제공되는 정보기술 수단들이 가지는 감시·통제 기능은 다음의 두 가지로 나눌 수 있다.

1.4.1. 프린터(printer) 작업관리

사용자의 컴퓨터에 클라이언트(에이전트) 프로그램이 설치되고 정해진 규칙에 따라 프린트작업에 대한 권한 및 프린트 로그 등을 관리한다. 서버 프로그램은 클라이언트 프로그램을 통해 개별 사용자의 프린트 권한을 수정하거나, 인쇄작업의 비용관리(개인별, 부서별 등), 사후적 보안관리(사후 추적 등)를 위한 프린트 로그의 저장·관리 등을 수행한다. 프린트 작업관리의 사례가 되는 솔루션(solution) 제품의 시스템 구성은 <그림 4-3>과 같다.

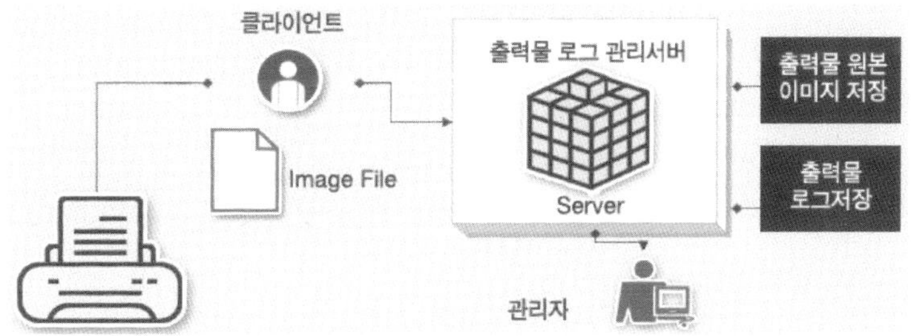

〈그림 4-3〉 프린트 작업관리 시스템의 구성사례

1.4.2. 프린터(printer) DRM

프린터 DRM으로 분류되는 솔루션들은 프린터 작업관리의 기능에 워터마킹(watermarking) 기능이 추가된 방식으로 구현되고 있다. 워터마킹은 인쇄물의 배경에 미리 정한 글자나 도안을 인쇄하거나, 사용자의 신분사항 등을 인쇄물에 추가하여 인쇄하는 것을 의미한다. 워터마킹을 통해 인쇄자료의 구별(비밀 정도, 인쇄부서 등)을 용이하게 하고, 사용자의 자료보안 책임감을 향상시킨다. 인쇄자료 유출 시 사후추적의 근거자료로써 활용할 수 있다.

2. 주요 정보유출방지 기술수단의 구현방안

본 절에서는 내부 정보자료 유출을 통제하기 위한 개별 기술적 수단에 대하여 정보기술적 구현전략에 초점을 두어 정리하기로 한다. 실제 활용되고 있거나 관련 업계에서 제공되고 있는 사례를

고려하여, 기술수단별로 구성체계, 가능한 기능의 범위, 유의사항
등을 정리하면 다음과 같다.

2.1. PC 보안시스템

2.1.1. 구성체계 및 기능

흔히 서버(server)시스템으로 불리는 관리자시스템과 다수의 클라
이언트(client) 또는 에이전트(agent)시스템으로 불리는 사용자시스
템으로 내부 네트워크(LAN)를 통해 <그림 4-4>와 같이 구성된
다. 또한, 관리자시스템과 에이전트시스템을 통해 이루어지는 기능
들을 '내부 감시·통제 정책', '정보시스템 사용통제', '정보시스템
사용감시', '정보시스템 자산관리'의 네 범주로 나누어 <표 4-1>
과 같이 구성하기도 한다.

〈그림 4-4〉 PC 보안시스템의 구성형태

<table 4-1> PC 보안시스템의 기능범주 사례

기능범주	범주별 기능범위	상·하위 범주간 전송(공유)정보
내부감시·통제 정책	− 정보시스템 권한유형 관리 (신규·변경·삭제) − 권한유형별 디폴트(default) 권한 설정/변경 − 내부 감시·통제 평가 및 권한조정	(상위⇨하위) · 권한유형, 권한유형별 사용자 그룹 및 기본권한 등
정보시스템 사용통제	− 권한유형별 정보시스템자산에 대한 다음의 접근·사용 분야별 사용·접근의 사용통제 · 하드웨어 및 소프트웨어 · 응용시스템, 데이터베이스, 네트워크 등 − 개별/그룹별 컴퓨터 원격제어 및 사용통제	(사위⇦하위) · 실제 권한설정치(기본권한과의 차이), 권한외 시도횟수 등 (상위⇨하위) · 컴퓨터별 사용·접근 권한유형 및 권한설정치
정보시스탬 사용감시	− 컴퓨터별 실시간 사용현황 모니터링 · 하드웨어 및 소프트웨어 · 응용시스템, 데이터베이스, 네트워크 등 − 개별 컴퓨터 사용화 면의 실시간 조회 및 주기별 사영감시(작업로그 정보 활용)	(사위⇦하위) · 정보시스템 사용실태 (상위⇨하위) · 정보시스템 사용실테 (컴퓨터별, 활용분야별 등)
정보시스템 자산 관기	− 기업내 컴퓨터별 하드웨어/소프트웨어 취득·보유·변경, 사양, 활용도, 과·부족 등 파악·개인별, 부서별, 기업전체 등 − 컴퓨터별 정보시스템자원의 원격 관리	(상위⇦하위) · 컴퓨터별 하드웨어/소프트웨어 변동현황

PC 보안시스템의 감시·통제 대상인 조직 전체의 모든 PC가 가지는 하드웨어 및 소프트웨어를 관리자시스템을 통해 파악할 수 있다. 이와 같은 사례를 관리자까지 포함하여 도식화하면 <그림 4-5>와 같이 표현할 수 있다.

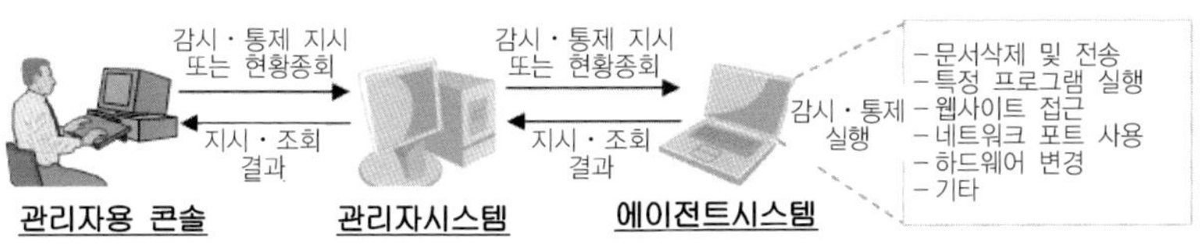

<그림 4-5> PC 보안시스템 체계 사례

정보자료의 유출방지라는 입장에서 정보시스템 자산(HW, SW,

네트워크 등)의 적절한 사용통제를 위해서는 개별 사용자의 개인용 컴퓨터 기반의 하드웨어 및 소프트웨어의 보유현황 및 변경사항, 그리고 사용현황을 정확히 파악하는 것이 필요하다. <그림 4-6>의 사례와 같이 PC 보안시스템의 관리자시스템에서 기업 전체에서 보유하고 있는 개인별 PC의 하드웨어 또는 소프트웨어 등을 파악하기 위한 기능 등이 필요하다. 기업의 주요 정보시스템자산인 개별 컴퓨터상의 하드웨어 또는 소프트웨어에 대하여 보유현황, 버전(version), 취득 및 폐기 등의 정보시스템자산의 관리를 수행 또는 지원할 수 있다.

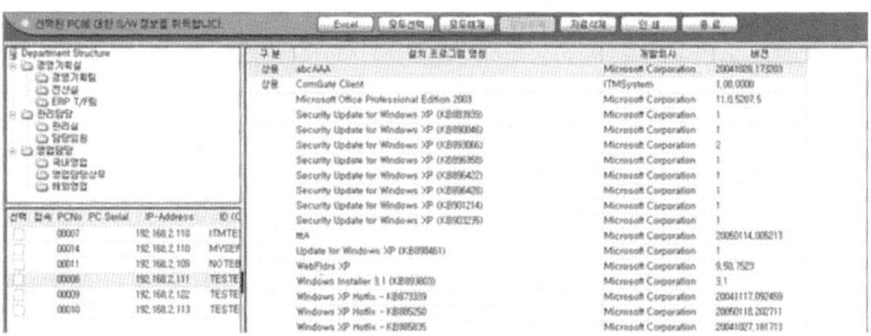

(1) 기업전체의 단위조직별/개인별 보유 소프트웨어 현황 파악

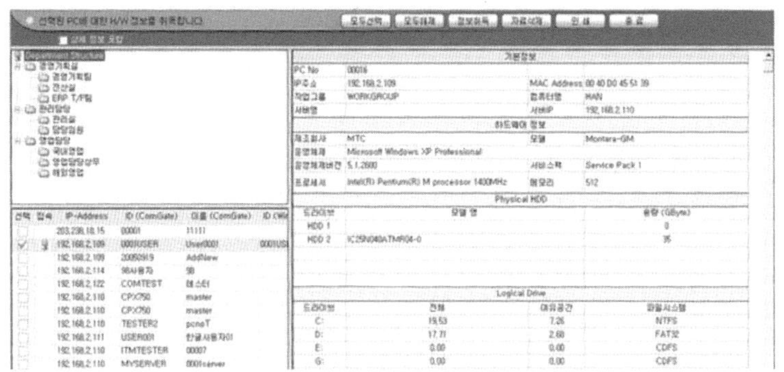

(2) 기업전체의 단위조직별/개인별 보유 하드웨어 현황 파악

<그림 4-6> PC 보안시스템을 통한 정보시스템자산 파악 사례

- 관리자시스템을 통한 처리기능

  - 네트워크에 접속한 사용자 PC의 에이전트시스템 설치 여부를 확인한다. 통합인증체계(SSO 등)와 연계하여 에이전트시스템이 설치되어야 PC의 사용이 가능하게 되고, 설치가 되지 않은 PC는 에이전트시스템의 설치를 유도하게 한다.

  - 관리자시스템의 콘솔(console)을 통해 개인 또는 그룹별로 감시·통제 정책 및 사용권한을 설정하고(<그림 4-7>의 사례 시스템 화면을 참고), 이를 기준으로 하여 개별 PC의 에이전트시스템이 PC 활용을 감시·통제하도록 한다.

  - 에이전트시스템이 감시·통제를 통해 생성하여 전송한 각 사용자 PC의 로그(log) 내역을 전송받아 필요내용을 저장·관리하거나, 보고서를 제공한다.

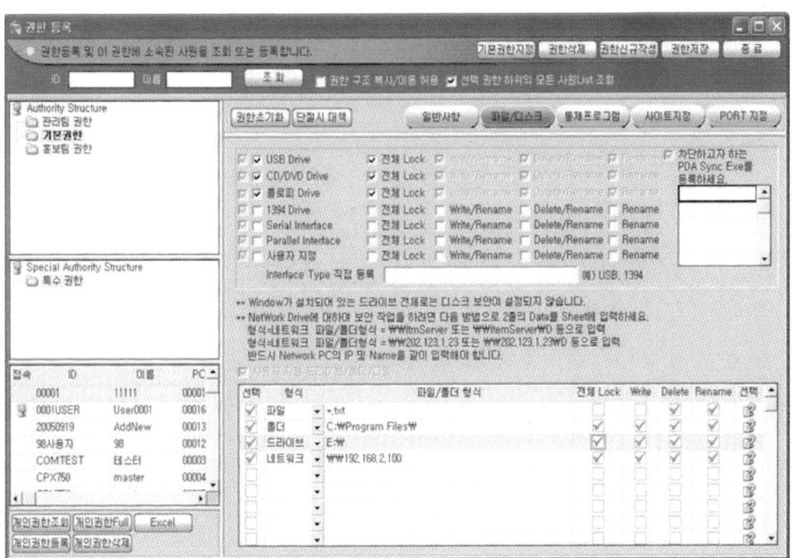

〈그림 4-7〉 관리자의 개별 **PC I/O** 권한설정 사례

- **에이전트시스템을 통한 처리기능**

  - 조직구성원 개개인이 자신의 PC를 활용하고자 하는 경우,
    SSO(Single Sign – On), AD(Active Directory) 등과 같이 사용자
    인증을 위한 통합인증관리체계와 연계하여 인증된 사용자만이
    PC의 사용이 가능하도록 한다.
  - 관리자시스템을 통해 사용자별로 정해진 허용범위를 벗어난
    PC의 활용은 통제되어 사용이 제한된다. 예를 들어 USB 포트
    가 통제되면, 해당 PC에서 USB의 사용은 불가능하다.
  - 감시의 범위는 정보자료 생성·수정·삭제, 인터넷/통신, 응용
    시스템(application) 사용, keyboard 입력, USB 등의 모든 Port
    접속행위 등 PC에서 이루어지는 모든 정보행위를 대상으로
    할 수 있다. 실제 구현하는 경우에는 공급제품의 기능, 사용자
    PC의 성능, 타 보안도구의 기능 범위 등을 함께 고려하여 감
    시대상의 범위를 적절히 구성하는 것이 필요하다.

2.1.2. 기능의 확장

최근 PC 보안시스템 분야에 대한 관심이 증가함에 따라 상업적
솔루션의 공급사 간 경쟁이 커지고 있다. 이에 따라, PC 보안시스
템이 기존의 PC 사용에 대한 감시·통제의 기능뿐만 아니라 아래
의 기능을 포함하여 확장되는 경향을 보이고 있다.

- DRM시스템 기능: PC 보안시스템에 PC DRM 및 프린터 DRM

의 범위, 즉 PC에 자료를 암호화하여 저장하거나 프린트 워터마 킹의 기능을 포함되는 제품이 출시되고 있다. 이는 향후 PC 보 안시스템과 DRM 시스템의 기능이 서로 융합될 가능성을 보여 준다.

- 정보자료전송 분야의 통신보안시스템: PC 보안시스템은 통신기 능의 사용에 대해 가능한 접속 IP주소, URL, 응용시스템 등을 통제할 수 있으므로 통신보안시스템의 기능을 가진다.
- 기타: 패치관리, 백신 등의 기능을 직접 포함하거나 또는 별도의 응용시스템과 연계하여 서비스를 제공할 수 있다.

2.1.3. 유의사항

PC 보안시스템은 PC 사용자의 의지와 관계없이 설치된 PC에서 작동되어야 한다. 그런데 에이전트 프로그램의 프로세스(process)에 대해 기능차단(kill)이 가능한 경우가 종종 발견된다. 이러한 경우 PC 보안시스템을 통해서는 원하는 목적을 전혀 이룰 수 없다. 또 는 PC의 안전모드 또는 명령프롬프트(DOS) 모드에서는 에이전트 프로그램의 기능이 제한되는 경우도 있다.

2.2. 통신보안시스템

2.2.1. 구성체계 및 기능

일반적으로 통신보안시스템의 구성은 LAN을 비롯하여 단위 네트워크의 게이트웨이(gateway)에 위치하도록 구성되며, 네트워크의 게이트웨이를 통과하는 전송신호를 확인하여 송수신 통신내용을 감시·통제한다. 대표적인 통신보안 수단인 방화벽(firewall)은 패킷 필터링(packet filtering)을 비롯하여 프록시서버(proxy server), 베이스천 호스트(bastion host) 등으로 구성된다.

그리고 침입탐지(intrusion detection) 또는 이를 포함하는 침입방지(intrusion preventing) 시스템 등을 통해 네트워크 단위로 내부 자료의 유출방지 효과를 가질 수 있다. 그 외에 인터넷상의 응용 서비스에 따라 내부 자료 유출에 대한 전문적인 수단이 제공되고 있다. 예를 들어, 이메일(email)이나 메신저(messenger) 등 특정 서비스에 대해 전송내용을 감시하여 전송을 통제할 수 있다. 또는 감시 또는 통제의 로그내역이나 전송내용을 저장하여 정보자료 유출의 사후대응에 활용하는 방안이 있다.

2.2.2. 유의사항

이메일, 메신저, FTP 등 인터넷상의 응용 서비스에 대해서는 전송 메시지 포맷(format)을 확인하여 감시·통제의 대상을 확인할 수 있다. 여기서 전송 메시지 포맷이 표준 프로토콜을 따르는 경우에는 전송내용을 쉽게 확인할 수 있겠으나, 그렇지 않은 경우가 많다. 예를 들어, SMTP(Simple Mail Transfer Protocol)와 같은 표준 프로토콜에 의한 전송내용(이메일)의 확인은 용이하지만, 웹을 통해 제공되는 다양한 이메일 서비스에 대해서는 전송 메시지의 포맷을 확인하기 쉽지 않다. 따라서 확인되지 않은 전송 포맷에 대해서는 접속하는 웹 주소(web address)를 로그로 저장하여 사후적 대응수단으로 활용할 수 있다.

2.2.3. 제품사례

방화벽, 침입탐지 및 침입방지 시스템에서는 많은 국내·외 제품을 활용할 수 있다. 인터넷상의 응용 서비스에 대한 감시·통제를 위해서는, 전송 메시지 포맷의 분석을 통해 이메일, 메신저, 웹(web) 접속 등을 다양한 규칙에 의해 통제하는 국내 기업의 솔루션들이 제공되고 있다(사례 솔루션: S사의 Mail－i, Msg－i, web Keeper 등).

2.3. DRM시스템

DRM시스템은 정보자료의 인가되지 않은 사용을 방지하는 것을 목적으로 하는 전반적인 수단을 의미한다. DRM시스템은 대체로 암호화를 주요수단으로 활용하는 서버 DRM 및 PC DRM, 그리고 인쇄물의 보안을 위한 프린트 DRM으로 나뉜다.

2.3.1. 구성체계 및 기능

DRM시스템은 PC 보안시스템의 구성체계와 같이 관리자시스템과 다수 사용자 PC에 설치되는 에이전트시스템으로 구성된다. DRM시스템의 관리자시스템은 정보자료 서버에 집중 저장된 정보자료에 대한 접근관리와 암호화, 또는 프린트 작업관리와 워터마킹에 대해 에이전트시스템의 실행을 관리하거나 필요한 기능을 에이전트시스템과 적절히 분담한다.

서버 DRM 또는 PC DRM의 에이전트시스템은 관리자시스템이 정한 정책기준에 따라 정보자료의 사용을 감시·통제하고, 자료저장 시 암호화 또는 자료조회 시 암호화된 정보자료를 복호화하여 사용자에게 제공한다.

각 DRM시스템에서 관리자시스템의 기능을 요약하여 나열하면 다음과 같다.

• 서버 DRM

- 주요기능
  1) EDMS 또는 File Server 등에 집중·저장된 자료에 대해 암호화를 통한 정보자료의 보호
  2) 사용자의 에이전트시스템을 통한 자료열람에 대해 사용자인증관리, 접근권한 등의 정책관리, 접근이 허용된 경우에 집중·저장된 정보자료를 다운로드 또는 업로드 등과 필요한 내역(로그)관리 등 실행

- 정보자료 암호화과정에는 다음 방식 이외의 응용방식도 가능

  1) 에이전트시스템이 암호화한 정보자료를 서버 DRM을 통해 EDMS 또는 File Server 등에 저장
  2) 에이전트시스템을 통한 열람이 필요한 정보자료가 EDMS 또는 File Server 등에 암호화되지 않은 상태로 저장되어 있는 경우, 서버 DRM이 해당 정보자료를 암호화하여 에이전트시스템에게 다운로드(정보자료 조회 시 에이전트시스템이 복호화)

• PC DRM

- 개별 사용자 PC에 정보자료(주로 file)를 암호화하여 저장
- 개인 PC에 저장된 정보자료의 열람 시 사용자 인증, 접근권한 정책관리 및 필요한 내역(로그)관리 등 실행

• 프린트 DRM

- 문서별 프린트 사용자에 대한 인증관리
- 에이전트시스템의 프린트 작업 감시·통제에 대한 정책 및 권한 설정 등의 정책관리(프린트 횟수 등 관리) 및 필요한 내역(로그)관리
- 에이전트시스템이 실행할 워터마킹의 내용 결정 등

2.3.2. 유의사항

• 적용대상 응용시스템의 제한

서버 DRM 또는 PC DRM의 주요 기능인 암호화 과정은 정보자료의 작성을 위한 응용시스템(MS Word 등)의 정보자료 저장(file save) 또는 열기(file open)의 신호를 후킹(hooking)하여 암호화 또는 복호화한다. 따라서 후킹(hooking)이 가능한 범위의 응용시스템(application) 내에서만 성능이 보장되는 한계를 가진다.

- 예를 들어, 어떤 DRM 제품의 경우 새로운 버전(version)의 응용시스템(MS Office 2007 등)의 자료저장 신호의 후킹기능 미비로 암호화가 되지 않거나, 같은 문제가 설계용의 특수 소프트웨어에 발생하는 등 문제점이 발견되고 있다.
- 그리고 정보저장 파일(file)의 확장자명이 일반적이 아닌 경우에도 암호화되지 않는 문제점이 발견된다. 예를 들어, MS-Word 저장모드가 기본형(*.doc)이 아닌 경우 암호화가 되지 않는 경우가 있다.

• 개별 파일(file)별 암호화 위주

저장되는 파일별로 암호화하므로 특정 폴더(folder) 내 정보자료 전체를 암호화할 수는 없다.

• 암호화방식의 다양성

암호화방식은 키 분배(key distribution) 방식에 따라 대칭형(symm
etric) 또는 비대칭형(asymmetric)으로 나누는데, DRM에서 활용하는
암호화방식은 제공되는 솔루션마다 일정하지 않다. DRM 제품마다
대칭형(symmetric) 또는 비대칭형 방식의 알고리즘을 활용하기도
한다. 같은 비대칭형 알고리즘을 활용하더라도 키 분배 프로토콜
등이 상이하면 서로 호환되지 않는다. 또한 공공의 인증기관(certifi
cate authority)을 활용하는 키 분배 방식을 사용하는 경우는 거의
없어 보인다.

3. 주요 기술수단의 장·단점

정보유출방지의 주요 기술적 수단으로 정리한 PC 보안시스템,
통신보안시스템, DRM시스템의 활용에 따른 장·단점을 정리하면
다음과 같다. 단, 실제 제공되는 솔루션별로 기능의 차이가 다소
존재하므로, 솔루션별 장·단점 요소에 일부 차이가 있을 수 있다.

3.1. PC 보안시스템

3.1.1. 장점

- 사용자 PC를 통한 모든 정보처리에 대해 감시·통제 가능
  - 단, 제품별로 기능 범위 및 처리방식에 차이가 존재한다.
- 디스크, folder 등 숨김 기능을 통한 사용자 접근 원천봉쇄
- 관리자시스템에서 개별 PC에 대해 원격 감시·통제 가능
- 관리자시스템에서 통합로그관리의 기본적 원시자료(조직 내 모든 PC의 사용로그)의 제공이 가능
- 기능이 다양화되고 확대되는 경향: 정보자료 암호화, 화면캡처(capture) 방지, 워터마킹 기능 등을 포함하는 상업적 솔루션들이 소개되고 있다.

3.1.2. 단점

- 에이전트시스템 process의 삭제 가능성
- 감시·통제의 범위 과다
  - 에이전트시스템의 기능구성 다양화로 PC 성능 저하 우려
  - 모든 범위의 감시·통제 내역(log)에 대한 중앙처리 기능의 부담(예: 전송 e-mail의 내역에 대한 저장은 e-mail 전용 감시·통제 소프트웨어에서 처리하는 것이 바람직함.)
  - 타 기술적 보안수단과 적절한 분담 필요

3.2. 통신보안시스템

3.2.1. 장점

- 특정 통신서비스를 위한 전문적인 솔루션의 활용이 가능
  - 사례: 이메일(email) 등에 대한 감시·통제는 전문 이메일 감시·통제 시스템을 통해 관리

3.2.2. 단점

- 통신내용(전송 메시지의 포맷)의 구분(예: 내부 정보자료의 첨부 전송을 방지하기 위해 SMTP를 통한 email, web mail, 일반게시판 등을 구분하여 통제하는 경우)이 쉽지 않아 감시·통제의 효과성 문제가 발생
  - 방화벽/PC 보안시스템 등과 상호보완 필요

3.3. DRM시스템

3.3.1. 장점

- 저장자료의 암호화 및 인쇄자료의 워터마킹을 통해 자료의 외부 유출 시에도 정보자료 보호의 효과
- 정보자료 보호에 대해서 통합적인 기능을 제공함.
  - 정보자료의 저장, 활용·유통, 인쇄, 접근권한 등

3.3.2. 단점

- 적용 가능한 응용시스템 범위 내에서만 암호화 저장 가능
  - 정보자료의 저장, 인쇄, 접근권한 등
  - 타 보안수단과 상호보완 필요
- 파일단위의 암호화
  - 특정 장치/폴더 전체의 암호화 기능은 미흡

4. 주요 기술적 수단의 정보자료 유출 통제효과

본 절에서는 '제Ⅲ장, 1절'에서 정리한 정보자료 라이프사이클 단계별 정보처리 항목에 대해 정보자료 유출방지의 기술수단이 가지는 정보자료 유출 통제효과를 평가할 수 있다. <u>실제 각 조직에서 기술적 보안수단이 가지는 정보자료 유출 통제효과는 조직의 업무환경, 보유한 통신수단, 직원의 보안의식, 보안수단 간 상호보완성의 크기, 활용하는 솔루션의 종류 등에 따라 다르게 평가될 수 있다.</u>

본 절에서는 저자의 입장에서 라이프사이클 단계별로 정보자료 통제방안의 대표적인 기술수단에 대한 효과를 ○(효과가 큼), △(효과가 다소 있음), ×(효과가 거의 없음)의 기호로 표시하여 평가하여 보았으며, 과정과 결과는 참고가 될 수 있을 것이다.

4.1. 정보자료 생성단계

정보자료 생성단계에서 가지는 자료통제 효과에 대해, 각 기술적 수단의 일반적인 기능과 상대적 효과성을 고려하여 아래 <표 4-2>와 같이 평가하였다. 예를 들어 '인쇄자료 생성'에 대한 효과를 보면, PC 보안시스템에서 워터마킹 기능을 일부 제품이 가지더라도 전문적인 프린터 DRM에 비해 효과가 떨어지거나 워터마킹 기능을 가지지 않는다. 따라서 인쇄자료 생성에 대한 자료통제 효과는 '△' 또는 '×'로 평가된다.

〈표 4-2〉 정보자료 생성단계에서 기술적 수단의 효과

세부 내용	개인 PC 활용 분야	정보자료 전송 분야	정보자료 저장 분야	정보자료 인쇄 분야
	PC 보안 시스템	통신보안 시스템	서버/PC DRM	Print DRM
정보 입력 및 file 생성(응용 소프트웨어 및 장치)	○	×	△	×
내·외부 서버 컴퓨터로부터 자료전송	○	○	△	×
휴대용 기기(USB, 휴대폰카메라)를 통한 정보취득	○	×	×	×
프린터 및 복사기를 통한 인쇄자료 생성	△ 또는 ×	×	×	○

정보자료 생성단계에서의 전반적인 효과를 보면, 디지털 정보자료에 대해서는 PC 보안시스템이, 인쇄물에 대해서는 프린트 DRM이 더 효과적인 것으로 평가된다. 네트워크상의 서버컴퓨터로부터 자료를 전송받아 정보자료를 생성하는 경우에는, 조직 내·외부

서버 모두의 경우에 PC 보안시스템이 통신기능을 통제할 수 있다.
그러나 외부 서버로부터 자료를 전송받는 경우에는 방화벽과 같은
통신보안시스템으로 통제하는 것이 더 효율적이다.

4.2. 정보자료 저장단계

정보자료 저장에 대해 자료유출 통제 및 내부정보의 보호효과의
평가에 있어서는 서버/PC DRM이 효과적이며, 인쇄물의 경우에는
프린트 DRM이 효과 있는 수단이다. 그러나 PC 보안시스템의 기
능 범위가 정보자료저장이나 인쇄분야에서 DRM의 기능으로 확산
되는 경향을 고려하면 아래 <표 4-3>과 같이 '△'로 평가된다.
DRM이 적용 가능한 응용시스템의 범위에 한정된다면, 폴더나 디스
크 단위로 암호화하는 기능을 가진 PC 보안시스템은 활용분야의 특
성에 따라 DRM보다 높은 효과를 가지는 것으로 평가할 수도 있다.

〈표 4-3〉 정보자료 저장단계에서 기술적 방안의 효과

세부 내용	개인 PC 활용 분야	정보자료 전송 분야	정보자료 저장 분야	정보자료 인쇄 분야
	PC 보안 시스템	통신보안 시스템	서버/PC DRM	Print DRM
개인용 컴퓨터의 Hard Disk 에 저장	△	×	○	×
내부 네트워크(LAN)상의 Server 시스템에 저장	△	×	○	×
외부 네트워크(인터넷)상의 Server 시스템에 저장	△	○	○	×
개인 휴대용 저장매체(USB 메모리, CD-ROM, 디스켓, 휴대폰메모리 등)	○	×	○	×
인쇄물 보관설비(서랍, 책꽂이, 캐비닛 등)	△	×	×	○

4.3. 정보자료 활용·유통단계

저장된 디지털 정보자료에 접근하여 열람하는 경우, PC 저장자료는 PC 보안시스템 그리고 서버에 저장된 자료는 서버 DRM이 더 효과적으로 통제할 수 있다. 그리고 디지털 정보의 유통에 대해서는 PC 보안시스템의 경우 개인용 PC로부터 정보의 유출 자체를 차단하거나 암호화하는 직접적인 효과를 가지며, DRM의 경우 유출되더라도 암호화되어 있도록 하는 간접적인 통제방식을 가진다. 인쇄물의 보안에 대해서는 프린트 DRM의 기능이 효과적이다.

<표 4-4> 정보자료 활용·유통단계에서 기술적 방안의 효과

세부 내용		개인 PC 활용 분야	정보자료 전송 분야	정보자료 저장 분야	정보자료 인쇄 분야
		PC 보안 시스템	통신보안 시스템	서버/PC DRM	Print DRM
조직내부의 컴퓨터에 저장된 정보자료 접근·열람		○ (PC 저장자료)	×	○(PC, 서버 저장자료)	×
컴퓨터 네트워크 유통	LAN 활용(그룹웨어, file 공유 등)	○	×	△	×
	정부통합망(업무망) 상의 통신수단	○	○	△	×
	유무선 인터넷 통신수단(이메일, FTP, 메신저, Web 등)	○	○	△	×
	무선 네트워크(블루투스, 적외선통신 등) 활용	○	×	△	×
휴대성 유통	휴대용 기기(노트북 PC, 휴대용 저장매체)를 통한 전자자료 유통	○	×	△	×
	인쇄자료의 휴대	×	×	×	○
전신자료유통(fax, 전화)		×	△(PBX)	–	△(워터마킹)

4.4. 정보자료 폐기단계

컴퓨터에 저장된 정보자료의 삭제는 파일의 단순삭제 이외에, 최근에 제공되는 PC 보안시스템의 경우 삭제된 파일의 복원이 불가능하도록 해당 파일의 저장위치를 난수(random bits)화하는 방안을 사용하고 있다. 그리고 DRM에서는 파일이 암호화하여 저장하므로, 외부에 대해서는 암호화된 파일의 내용을 알 수 없으므로 폐기와 동일한 효과를 가진다고 할 수 있다. 인쇄물의 경우, 프린트 DRM의 워터마킹은 자료폐기 시 인쇄자료의 비밀등급 등에 대한 인식도를 높임으로써 폐기에 따른 보안의 수준을 높이는 효과를 가진다고 할 수 있다.

<표 4-5> 정보자료 폐기단계에서 기술적 방안의 효과

세부 내용	개인 PC 활용 분야	정보자료 전송 분야	정보자료 저장 분야	정보자료 인쇄 분야
	PC 보안 시스템	통신보안 시스템	서버/PC DRM	Print DRM
정보자료의 삭제(file 및 data 삭제 등)	○	×	○	×
인쇄자료의 삭제(인쇄물의 폐기, 소각 등)	×	×	×	△

정보유출방지 기술수단의 적용방향

내부정보의 유출방지를 여러 기술적인 수단을 실제로 도입하여 적용하는 데 있어서는 여러 가지를 고려하여야 한다. 기술수단의 기술적 특성과 장점을 정확히 인식하고, 도입하고자 하는 조직의 정보환경에 효과적인지를 사전에 미리 검토하여야 한다. 본장에서는 정보유출방지 기술수단의 도입에 관한 가이드라인을 사례형식으로 소개하였다. 독자가 처한 상황에 따라, 본장의 내용은 다르게 평가되고 적용될 수 있다.

1. 정보유출방지 기술의 적용방향

정보시스템 기술을 활용한 내부 정보자료 유출방지를 위한 통제의 기술수단 구현방향을 '자료통제의 효과성', '강점과 효과공통성', 및 '전략적 필요성' 등의 3가지 방향에서 정리해 보면 다음과 같다.

1.1. 자료통제의 효과성을 통한 적용

정보자료통제의 기술적 수단이 가지는 정보자료 유출방지의 효과성을 조직의 다양한 여건을 고려하여 객관적으로 평가하기는 쉽지 않다. '제Ⅳ장, 4절'에서 정보자료 라이프사이클의 세부단계별로 평가한 자료통제효과를 통해 기술적 수단의 효과성을 평가해보기로 한다. 편의상 해당 항목의 평가가 ○, △, ×인 경우를 각각 1점, 0.5점, 0점으로 하면, 각각의 라이프사이클 단계에서 기술수단별 평가점수는 <표 5-1>과 같다. <표 5-1>의 평가결과를 참조한다면, PC 보안시스템>서버/PC DRM>통신보안시스템>Print DRM 순으로 효과성을 고려하여 구현순서를 정할 수 있다. 물론 이러한 평가결과는 평가기준 및 평가방식에 따라 변할 수 있으며, 주어진 정보환경에 따라 서로 다른 결과가 나올 수 있다.

〈표 5-1〉 기술수단별 자료통제 효과성 평가

단계	기술수단별 평가점수			
	PC 보안시스템	통신보안시스템	서버/PC DRM	Print DRM
생성단계	3 또는 3.5	1	1	1
저장단계	3	1	4	1
활용·유통단계	6	2.5	3.5	1
폐기단계	1	0	1	0.5
합계	13 또는 13.5	4.5	9.5	3.5

1.2. 강점과 효과공통성을 고려한 적용

자료통제의 각 기술적 수단은 타 기술수단이 가지기 어려운 강점을 가지는 동시에, 타 기술수단과 공통적으로 보유하는 기능과 효과성을 가지기도 한다. 만일 특정 기술수단이 타 기술수단에 비해 강점은 거의 가지지 않고, 공통적인 효과만을 가진다면 가치가 적은 기술수단으로 평가될 수 있다. 강점과 효과공통성을 통한 기술수단 우선순위는 다음과 같이 평가할 수 있다.

1.2.1. 기술수단의 강점

- PC 보안시스템: 개인 PC 활용의 감시·통제 효과
- 통신보안시스템: 네트워크(LAN)상의 통신서비스 감시·통제 효과
- 서버/PC DRM: 정보자료의 암호화 저장에 의한 보안 및 열람통제(권한, 횟수 등) 효과
- Print DRM: Print 및 출력물 관리·통제 효과

1.2.2. 기술수단 간 효과공통성

기술수단들이 가지는 효과를 비교하여 서로 공통적으로 가질 수 있는 효과성을 검토해 보면 다음과 같다.

- <u>(PC 보안시스템 : 서버/PC DRM)</u> 간 효과공통성 ⇨ 암호화 기능 및 자료관리 기능

- ◈ PC 보안시스템 : 주로 fold/장치 단위로 암호화 가능, 자료관리 기능은 미흡
- ◈ DRM : 응용시스템(예 : CAD시스템 등)에 따라 제한적이기도 하지만 저장신호의 후킹을 통한 암호화 기능 우수, 자료관리 기능 우수

[**평가**] 암호화의 효과공통성은 크나, 자료관리 기능의 효과공통성은 없음.

- (PC 보안시스템 : <u>통신보안시스템</u>) 간 효과공통성 ⇨ 통신서비스 감시 · 통제 기능
  - ◈ PC 보안시스템: PC 단위로 통신서비스 감시 · 통제 수행
  - ◈ 통신보안시스템: 네트워크 단위에서 통신서비스 감시 · 통제 수행

[**평가**] 적용범위의 차이(개별 PC 범위 및 네트워크 전체 범위)를 고려할 때, 감시 · 통제의 목적과 범위를 고려하면 효과공통성이 크다고 할 수 없다.

- (PC 보안시스템 : <u>Print DRM</u>) 간 효과공통성 ⇨ print 작업의 감시 · 통제
  - ◈ PC 보안시스템: print port 차단을 통한 print 작업 통제
  - ◈ Print DRM: print 횟수/권한/워터마킹 관리 · 통제, 워터마킹을 통한 출력물 보안

[**평가**] print 작업 통제의 기능공통성은 다소 있으나, 워터마킹 기능 면에서는 효과공통성이 적다.

1.2.3. 기술수단의 우선순위 평가

이상의 기술수단별 강점과 효과공통성을 고려하여 정보자료 통제를 위한 제반 기능을 갖추고자 하는 종합적인 기술수단을 구현하고자 하는 경우, 다음과 같은 대안들을 참고로 하여 적절히 구성할 수 있다.

- 대안 1: {PC 보안시스템 + 서버 DRM + 통신보안시스템 + Print DRM}
❋ 'PC 보안시스템'의 자료통제 효과와 '서버 DRM'의 자료관리 효과가 모두 필요하다고 판단되는 경우에 선택할 수 있는 대안이다.

- 대안 2: {PC 보안시스템 + 통신보안시스템 + Print DRM}
  또는
  {서버/PC DRM + 통신보안시스템 + Print DRM}
❋ 'PC 보안시스템'의 자료통제 효과와 '서버 DRM'의 자료관리 효과의 우열, 또는 'PC 보안시스템' 및 'PC DRM'의 암호화 기능의 우열에 따라 2개의 대안 중에서 우선순위를 정할 수 있다.
❋ Print DRM은 타 기술수단과 효과공통성이 거의 없으므로, 타 기술수단과 별도로 독립적으로 구현할 수 있다.

2. 단일 기술수단의 전략적 선택

앞 절에서와 같이 정보자료 유출방지를 위한 여러 기술적 수단에 대해, 효과성이나 복수의 기술들 간에 상호 보완적 기능구성을 평가하여 구현대안의 순위를 정할 수 있다. 그와는 다른 방식으로 정보자료 유출방지 수단의 '전략적 선택'에 따라 기술수단을 선택할 수도 있다. 본 절에서는 후자의 방식과 같이 '정보자료 유출방지 수단의 전략적 선택'을 우선으로 하고, 이에 필요한 '보안기술을 구성'하는 순서로써 정보자료 유출통제 기술의 구현방안을 정리하기로 한다.

정보자료의 유출통제 전략은 여러 가지로 정할 수 있겠으나, 본 절에서는 내부직원이 생성하는 정보자료가 실재 존재하는 장소나 형태에 따라 정할 수 있는 **개인 PC 감시·통제** 전략, **정보자료 암호화** 전략, **정보자료 집중화** 전략에 대해 구현방안을 정리하기로 한다. 인쇄물에 관한 내용은 앞서 언급하였듯이 타 기술수단과 연계하지 않고 독립적인 구현이 가능하므로, 본 절에서는 고려하지 않기로 한다.

2.1. 개인 PC 감시·통제 전략

• 주요내용
  – 내부구성원의 정보자료 유출이 주로 개인별 PC를 통해 이메

일이나 FTP와 같은 통신유출, USB메모리 등과 같은 휴대용 기억
장치 등을 통해 이루어지는 경우, 내부 정보자료 유출방지의 주요
성공요인이 개인 PC 사용의 감시·통제라고 할 수 있다.

• 가능한 기술수단: PC 보안시스템이 중심

• 기술수단의 기능 범위
- 내부구성원의 개인용 PC에 대한 정보자산(HW, SW)을 파악하
  고, 외부접속 port, USB, 무선통신 등을 통제할 수 있다.
  - 개인용 PC의 정보자료 생성 및 저장, 이메일 등에 유통 등을
    감시·통제한다.

• 장점
- 내부정보유출 주체인 내부 구성원 개개인의 PC 사용의 거의 모
  든 요소에 대한 직접적인 통제수단의 역할을 통해 정보자료 유
  출을 원천적으로 통제할 수 있다.

• 단점
- 개인 PC의 감시·통제는 사용자 개개인의 프라이버시(privacy)
  및 사용편의성을 저해할 수 있다.
- 개인 PC에 탑재되어 실행되는 PC 보안시스템의 에이전트시스템
  에 의한 실시간 감시·통제는 전체 PC 성능을 저하시키는 부담
  이 될 수 있다.

- 고려사항
- 타 보안수단과 중첩되는 기술적 효과가 있을 수 있고, 제공되는 솔루션별로 기능 범위에 다소간 차이가 있음을 유의하여야 한다.
- 에이전트시스템의 실행 프로세스를 의도적으로 삭제(kill)하거나 기능을 멈추게 하는 경우가 없어야 한다.

2.2. 정보자료 암호화 전략

- 주요내용
- 내부구성원의 정보자료 활용을 최대한 보장하되, 부득이한 유출이 발생한 상황에서도 정보자료가 암호화되어 있으므로 외부에 대해서는 기밀성이 유지되도록 한다.

- 가능한 기술수단: 서버 DRM 또는 PC DRM, PC 보안시스템
- 서버 DRM은 정보자료 접근 및 조회권한(대상, 횟수 등) 관리가 용이하다.
- 최근 저장 자료의 암호화가 가능한 PC 보안시스템이 출시되고 있다.

- 기술수단의 기능 범위
- 사용자 PC에서 생성하는 정보자료(file)를 저장 시 암호화되어 저장되며, 인증된 사용자가 조회할 경우에 자동으로 복호화된다.

- 정보자료 서버를 통해 공유되는 경우, 정보자료 접근 및 조회권한(대상, 횟수 등) 관리를 지원한다.

• 장점
- 내부 구성원의 정보자료 활용에 있어서 프라이버시 또는 사용편의성의 침해 등이 적다.
- 부득이 또는 고의적인 유출 시에도 정보자료(file)가 암호화되어 있으므로 내용 확인이 불가능하다.
- 서버 DRM을 활용하는 경우에 원활한 자료관리 효과를 기대할 수 있다.

• 단점
- DRM시스템에 의한 암호화는 가능한 응용시스템이 정해져 있으므로, 새로운 SW 도입 또는 버전(version) 변경 시 암호화가 어려운 경우가 있을 수 있다.

• 고려사항
- 타 보안수단과 중첩되는 기술적 효과가 있을 수 있고, 제공되는 솔루션별로 기능 범위에 다소간 차이가 있음을 유의하여야 한다.
- 타 보안수단과 기술적 효과의 중첩이 가능한 영역은 다음과 같다.
◦ 자료암호화 기능: PC 보안시스템의 암호화 기능과 중첩
◦ 서버 DRM의 자료관리 기능: 자료집중 서버(EDMS, 웹을 통한 File서버 관리도구 등)의 자료관리 기능과 중첩

2.3. 정보자료 집중화 전략

• 주요내용
 - 내부구성원이 생성 및 활용하는 정보자료의 저장을 개인 PC
  가 아니고 중앙에서 저장되는 서버(server) 컴퓨터에서 처리하
  도록 한다. 이를 통해 정보자원의 효율성과 구성원 간 공유가
  가능하도록 할 뿐만 아니라, 정보자료의 개인적인 저장 및 유
  통을 최대한 억제하여 외부로의 유출요인을 최소화한다.

• 가능한 기술수단: File서버, 서버자료 관리도구, EDMS 등

• 기술수단의 기능 범위
 - 업무용 자료를 물리적으로 집중하여 저장하고, 개인 PC의 저
  장공간 또는 개인 PC를 통한 휴대용 장치의 저장 등을 차단
  함으로써 개인의 유출위험의 원인(개인의 자율적인 정보자료
  보관)을 제거한다.

• 장점
 - 정보자료의 집중저장을 통한 정보자료의 유출위험 최소화 및
  정보자원의 효과적인 관리를 기할 수 있다.

• 단점
 - 개인 PC에 정보자료를 직접 저장하는 것을 차단하는 수단이
  추가적으로 필요하고, 직원의 외근이나 출장 등에 따른 예외

적 정보자료 관리가 부담이 될 수 있다.

- 고려사항
  - 완전한 자료 집중을 위해서는 개인용 PC의 자료저장 통제기
  능(PC 보안시스템의 개인 PC 자료저장 차단 등)이 추가적으로
  필요하다

3. 보완적 전략구성에 의한 기술수단 선택

단일 기술수단의 전략적 선택에 따른 단점을 보완하고, 보다 종합적인 자료통제 전략을 구성한다는 입장에서 다수의 단일 기술수단의 선택전략을 복합적으로 구성하는 경우에 대하여 구현방안을 평가해 보기로 한다.

3.1. {개인 PC 감시·통제＋정보자료 암호화} 전략

- 주요내용
  - 내부구성원의 정보자료 활용에 대해 전부 또는 일부를 감시·
  통제하고, 저장되는 자료를 암호화하여 유출사고가 발생하더
  라도 정보자료의 기밀성을 유지한다.

- 기술수단의 구성방향
  - (대안 1) PC 보안시스템이 개별 PC의 사용을 감시·통제할 뿐만 아니라, PC 저장자료 또는 File서버의 저장자료의 암호화까지 처리한다.
  - (대안 2) PC 보안시스템은 개별 PC의 사용을 감시·통제하고, PC의 저장자료 및 File서버의 저장자료는 각각 PC DRM 및 서버 DRM이 암호화하는 형태이다.

- 평가
  - File서버에서 비교적 단순한 자료관리만 필요한 경우에는, 충분한 기능을 갖춘 PC 보안시스템만으로 구현이 가능한 (대안 1)이 비용 측면에서 유리하다.
  - PC 보안시스템의 암호화 기능이 미흡한 경우에는 PC 저장을 차단 또는 일부 허용이 가능하게 하는 PC 보안시스템을 통해 PC 저장을 제한하고, 서버 DRM이 자료암호화와 저장관리를 하는 것도 적절한 방법이다.

3.2. {**정보자료 암호화** + **정보자료 집중화**} 전략

- 주요내용
- 조직내부에서 관리하는 모든 정보자료는 암호화하여 중앙 서버(server)에 집중하여 저장함으로써, 개인 PC에서 정보자료의 저장을 차단하고 유출 시 기밀성을 유지하여 정보유출에 의한

보안상의 위험을 최소화한다.

• 기술수단의 구성방향
- PC 저장의 통제가 가능한 PC 보안시스템을 통해 개인용 PC
에서의 자료저장을 차단하고, File서버 또는 EDMS 등으로 자
료의 저장을 집중화한다.
- 그리고 서버 DRM을 통해 집중되어 저장되는 정보자료(file)를
암호화하여 자료관리(저장, 접근권한 등)를 한다.

• 평가
- 외근이나 출장 등의 경우 정보자료의 활용이 위축될 수 있다.
- 자료집중화만을 위해 PC 저장차단 기능만을 가지는 PC 보안
시스템을 활용하는 경우, USB 사용이나 이메일 등을 통해 정보
유출이 가능하다. 이러한 경우 PC를 통한 정보행위의 감시·통
제 기능의 미흡으로 정보유출방지의 효과가 미흡해진다.
- 따라서, 가능한 한 개별 PC의 사용을 감시·통제하는 기능을
가지는 PC 보안시스템을 채택하는 것이 바람직하다. 이러한
경우, 아래의 '{개인 PC 감시·통제＋정보자료 집중화} 전략'
과 서로 유사해진다.

3.3. {**개인 PC 감시·통제** + **정보자료 집중화**} 전략

- 주요내용
  - 조직내부에서 관리하는 모든 정보자료는 중앙 서버(server)에 집중하여 저장할 뿐만 아니라, 개인 PC 사용을 전반적으로 감시·통제하고 PC 내 정보자료(file)의 저장을 차단하여 정보유출 위험을 최소화한다.

- 기술수단의 구성방향
  - PC 보안시스템을 통한 PC 사용의 감시·통제 및 PC 저장 차단기능을 활용하고, 정보자료의 저장은 File서버 또는 EDMS 등을 통해 집중화하여 관리한다.

- 평가
  - 개개인의 정보자료의 활용이 위축될 수 있으며, 외근이나 출장 등을 대비한 정보자료 관리의 유연성이 필요하다. 즉, 개인용 PC에 자료저장을 일부 허용하는 방안도 필요하다.
  - 집중화되어 저장되는 정보자료 또는 개인 PC에 저장이 허용되는 정보자료에 대해 암호화가 필요한 경우는 '{정보자료 암호화 + 정보자료 집중화} 전략'과 서로 유사해진다.

4. 정보유출방지 기술수단의 단계적 구현방안

4.1. 단계적 구현범위 및 고려사항

본 절에서는 조직 내부에서 정보자료의 생성·저장·유통·폐기 중에 발생할 수 있는 정보자료의 외부유출을 통제하기 위해, 기술수단의 종합적인 구성을 위한 사례를 정리해 보기로 한다. 동 사례는 어떤 조직이나 정보환경에 항상 적절한 대안은 아니며, 단지 참고로 활용할 수 있는 방안이다. 실제 정보유출방지를 위한 종합적인 기술적 대안을 수립하는 경우 다음 사항을 충분히 고려하는 것이 필요하다.

- 조직 구성원의 정보자원 접속을 위한 통합인증체계(예를 들어 SSO 등)와 연동하도록 기술수단을 구성한다.
- 사무실의 분산상태(예를 들어, 원격지에 위치한 지사 및 본사 사무실 등)에 따른 정보자원의 구성 및 활용 현황을 고려하여야 한다.
- '내부근무 인력과 파견근무 인력', 또는 '내부인력과 외주인력'의 업무형태 및 사무공간의 구분현황 등도 고려하여야 한다.

정보자료 유출방지의 기술수단에 대하여 구현 용이성, 그리고 오늘날 처한 일반적인 정보환경과 기술수준 등을 고려하여 비교적 단기간에 구현될 수 있는 '단기방안'과 일정기간의 기간을 두고 구성해야 하는 '중기방안'으로 나누어서 정리할 수 있다.

4.1.1. 단기방안

• 범위

- 정보자료의 유출통제를 위한 기술수단의 도입을 착수한 이후
  비교적 단기간(1년 이내)에 안정화가 가능한 방안이 단기방안
  의 범위가 될 수 있다.

• 고려사항

- 내부 구성원의 정보기기(PC 등) 및 내부 정보시스템 사용현황,
  인터넷 활용 및 통제 현황, 정보자료 인쇄방식, 외부출입자의
  출입통제 등에서 발생할 수 있는 내부 자료 유출 가능성을 충
  분히 고려하여 적절한 기술수단을 선택하여야 한다.
- 구성원의 업무형태(내근 및 외근), 외부용역 직원의 업무형태
  및 내부정보의 접근범위 등을 고려할 때, 시급한 영역을 정하
  여 우선적으로 기술적 수단을 도입하여야 한다.
- 단기방안의 범위(기간, 예산 등) 내에서 가장 효과적인 기술적
  자료통제 방안을 제시하여야 한다.
- 단기방안 이후의 개선 및 추가구현 등에 대해 오류가 발생하
  지 않도록 미리 중기방안을 설계하여야 한다.

4.1.2. 중기방안

• 범위

  - 중기방안의 범위는 단기방안을 보완하고, 조직의 정보유출을
    방지하기 위한 종합적인 기술적 방안을 구현하는 것으로 설정
    할 수 있다.

• 고려사항

  - 조직이 처하고 있는 현재의 정보환경과 기술수단의 수준, 중
    장기적으로 변화하는 방향을 감안하는 것이 필요하다. 내부
    자료 유출통제를 방지하는 종합적인 기술방안을 기술적으로
    구현이 가능한 범위에서 제시하는 것이 필요하다.

4.2. 단기방안을 위한 대안

단기방안에서 검토할 대안은 '제Ⅴ장, 3절'의 보완적 전략구성에
의한 다음의 3가지 대안을 고려하기로 한다. 앞서 정리한 기술적
대안들에 대하여 기업 등의 조직이 처한 일반적인 여건을 고려하
여 기술적 수단의 구성을 함께 다음과 같이 검토할 수 있다.

4.2.1. 대안 1: {개인 PC 감시·통제 + 정보자료 암호화}

• PC 보안시스템이 PC 사용의 감시·통제 기능 및 암호화 기능을

모두 제공하고, 개인 PC 또는 File서버의 자료관리가 복잡하지 않다면 적절한 'PC 보안시스템'의 솔루션을 도입하는 것이 적절하다(PC 보안시스템을 통해 정보자료의 PC 저장을 차단할 수 있다면, '정보자료 집중화'의 효과도 기대할 수 있다.).

➡ **PC 보안시스템**의 도입이 바람직하다.

• PC 보안시스템의 암호화 기능이 미흡한 경우에는, PC 보안시스템의 PC 저장 차단기능을 활용한 서버 DRM 또는 PC DRM을 통한 정보자료의 암호화 저장을 구현할 수 있다.

➡ **[PC 보안시스템 + 서버 DRM]** 또는 **[PC 보안시스템 + PC DRM]**의 도입이 바람직하다.

4.2.2. 대안 2: {정보자료 암호화 + 정보자료 집중화}

• 정보자료 집중화를 위해서는 PC 저장 차단기능을 보유한 PC 보안시스템 및 서버에 집중화되어 저장되는 정보자료의 암호화를 위한 서버 DRM이 필요할 것이다.

➡ **[PC 보안시스템 + 서버 DRM]**의 도입이 바람직하다

• 암호화가 가능하고 PC 저장 차단기능을 보유한 PC 보안 솔루션의 경우에는 PC 보안시스템의 암호화 기능만을 정보자료 집중저장 서버에 설치하여 효과를 볼 수 있다. 이러한 경우에는 서버 DRM에 비하여 집중 저장된 자료의 접근권한/자료체계 관리의 효율성은 떨어질 것이다.

➡ **PC보안시스템**의 도입이 바람직하다.

4.2.3. 대안 3: {개인 PC 감시·통제 + 정보자료 집중화}

- PC 사용의 감시·통제 기능 및 PC 저장 차단기능을 보유한 PC 보안시스템을 통해 구현이 가능하다. 단, 자료집중화에 따른 자료저장의 유연성은 검토가 필요한 사항이다(PC 저장의 완전 금지 또는 일부 허용을 적절히 선택).

  ➡ **PC 보안시스템**의 도입이 바람직하다.

- 집중화된 정보자료의 체계적인 관리가 필요하다면 EDMS, 서버 DRM, 서버자료 관리수단 등의 도입이 필요하다(서버 DRM은 정보자료 암호화 기능의 추가적인 효과가 있다.).

  ➡ 다음의 3가지 대안 중에서 선택하는 방법이 적절할 수 있다.

  ① [**PC보안시스템 + 서버 DRM**]

  ② [**PC보안시스템 + File서버**]

  ③ [**PC보안시스템 + EDMS**]

4.2.4. 인쇄물(출력물)의 보안수단

컴퓨터의 기억장치에 저장하거나 인터넷을 통해 전송할 수 있는 디지털 정보자료와는 달리, 인쇄물은 사용자가 직접 물리적인 부피를 가지고 보관하거나 휴대할 수 있는 특징을 가진다. 이와 같은 인쇄물의 유출방지를 위한 보안에 대해서는 PC DRM 또는 보안프린터(secure printer)를 활용할 수 있다.

PC DRM은 주로 인쇄 작업의 관리·통제 또는 인쇄물에 워터마킹(watermarking)을 실행하는 수단으로서, 모든 PC에 에이전트시스템이 설치되어야 한다. 보안프린터 역시 인쇄 작업의 관리 또는 통제, 워터마킹(watermarking) 등이 가능하다. 일반적으로 보안프린터는 SSO 등과 같은 통합인증시스템 또는 직원의 ID카드를 통해 사용자 인증을 거쳐 프린트 작업을 실행한다.

보안프린터는 개별 PC에 에이전트시스템을 설치하는 경우는 없으나, PC DRM의 기능과 유사한 경향을 보이고 있다. 그러나 보안프린터는 PC DRM에 비해 시장에서 대중화되지 않은 단계이며 고가인 것이 단점으로 지적되고 있다.

4.3. 중기방안을 위한 대안

정보자료의 유출방지를 위한 기술적 구현의 중기적 방안은 단기방안을 보완하여 조직 전체의 종합적인 기술체계를 마련하는 데 있다. 중기대안의 수립에는 내부 정보환경의 변화 및 정보자료 통제를 위한 신기술의 출현 등을 지속적으로 평가하여 보완해 가는 것도 필요한 사항이다. 다음은 중기방안의 수립 또는 보완에 필요한 추가적인 고려사항들이다.

4.3.1. 내부 정보환경의 고려

조직의 사무공간의 분산 정도, 내부 네트워크(LAN)와 인터넷의 연결형태, 내부직원의 분산근무 정도, 외주직원의 구내 상주 정도 및 내부정보 접근형태 등에 따라 기술적인 대안의 선택이 달라질 수 있다.

근무형태의 분산 정도에 따라 LAN과 인터넷을 적절히 활용할 수 있다. LAN을 통한 자료공유에서 일어나는 컴퓨터 자료전송에 있어서 정보자료의 외부유출이 발생할 위험은 적으나, 정보자료의 비밀등급이 있고 등급별로 인적 보안이 필요한 경우에는 완전한 정보보호를 위해서 암호화된 상태로 정보를 교환하는 것이 바람직하다. 따라서 특별히 지정되고 접근이 허가된 컴퓨터만을 통해 자료공유를 하거나 정보자료를 암호화하여 저장된 형태로 자료를 보관하여 공유하는 것이 적절하다.

사무공간이 원격지에 분산되는 경우에는 전용망을 설치하여 사용할 수도 있으나, 인터넷상에서 가상사설망(VPN)을 활용하는 것도 효과적이다. 그리고 정보자료의 보관이 서버(server) 컴퓨터에서 관리되는 경우에는 서버 DRM 등으로 자료를 암호화하여 저장하고, 각각의 사무공간을 연결하는 네트워크(인터넷)의 통신망 게이트웨이상에 가상사설망(VPN)을 구축하여 교환되는 정보를 보호하는 것도 적절하다.

외주직원의 구내 상주 정도가 높은 경우에는 외주직원의 내부정보 접근방식을 별도로 정하여야 한다. 별도의 네트워크를 구성하여 인터넷 접속이 불가능한 독립된 네트워크를 구성하는 것도 하나의 대안이다. 정보유출을 방지하기 위해 PC 보안시스템을 비롯한 제반 정보자료 유출방지의 기술적인 수단에 대하여 업무효율성을 저하하지 않는 방안을 구성하여야 할 것이다.

4.3.2. 업무용/개인용으로 정보시스템 자원의 분리

개인용 PC 및 통신네트워크 등 내부 구성원들이 사용하는 정보시스템 자원을 물리적 또는 논리적으로 '업무용' 및 '개인용'으로 분리하여 내부정보 유출에 대응할 수도 있을 것이다. 은행의 경우가 이와 같이 분리된 사례가 될 수 있는데, 직원들이 사용하는 업무용 네트워크는 인터넷과 연결되지 않으나 고객서비스용의 PC는 업무용 네트워크와는 연결되지 않고 인터넷이 연결된 형태이다.

나아가, 개인용 PC의 저장공간과 네트워크 활용을 업무용과 개인용으로 분리하여, 상호 간 정보전달을 통제하고 별도의 보안정책을 적용할 수 있는 시스템을 다음의 사례와 같이 구현해 갈 수도 있을 것이다.

- 업무용: 인터넷 접속을 제한, 내부의 인트라넷에 대한 접속만을 허용, 자료를 암호화하여 저장, 자료전송 등에 있어서 필요한 승인절차 적용 등
- 개인용: 사용 가능한 응용시스템을 제한, 업무용 공간에 저장된 정보자료 열람 및 복사 등이 불가, 자료의 저장공간을 최소한으로 유지, 인터넷 접속만을 허용하여 내부의 업무용 정보자원에 대한 접근이 불가능 등

실제 정보시스템 자원을 업무용/개인용으로 분리하기 위한 대안으로서는 다음의 방안을 고려할 수 있다.

- 물리적 분리: 업무용과 개인용으로 분리된 별도의 네트워크와 각 네트워크별로 복수의 개인용 PC를 접속하는 방식을 고려할 수 있다. 이 방안을 별개의 정보시스템 자원을 준비해야 하는 비용적인 부담과 공간상의 문제점 등이 있다. 그러나 중복된 정보자원의 엄격한 분리를 유지하기 위한 별도의 감시ㆍ통제 수단이 필요하므로 이에 대한 장ㆍ단점을 충분히 고려하여야 한다.

- 논리적 분리: 1개의 네트워크(LAN)와 1대의 PC에 대해 소프트웨어 수단을 통하여 정보시스템 자원을 업무용/개인용으로 분리하여 사용하도록 하는 방식이다. 저장공간을 나누어 상호 간 자료교환이 불가능하게 하고, 업무용 또는 개인용으로 활용하는 응용시스템을 구분하여 각각의 응용시스템 활용 시 저장공간 및 네트워크 접속을 통제하는 방법이다.

4.3.3. 통합로그시스템의 구축

단기방안을 통해 구성할 수 있는 PC 보안시스템, 서버 DRM, 프린터 DRM 등과 같이 다수의 기술수단에서 생성되는 감시 내역(log)을 통합하여, 조직 전체의 정보 활용 현황을 관리하고 내부 정보의 유출방지에 유용하게 활용할 수가 있다. 통합로그관리를 통해 조직 전체의 모든 정보자료처리 사항의 집계, 상황 파악, 보안사고 사후추적의 기본방안을 수립할 수 있다.

조직 전체의 통합로그분석시스템은 조직의 정보환경을 비롯한 특성에 맞게 범위, 목적, 세부 구성방안 등을 수립하여야 한다. 그리고 통합로그를 저장하고 분석할 기존 도구인 적절한 데이터웨어하우스(data warehouse)용 DBMS 및 데이터마이닝(data mining) 도구 등을 결정하여야 한다.

통합로그시스템은 어느 조직이나 동일하게 구성하기보다는 조직마다 상이하게 구성될 가능성이 크다. 따라서 실제 구축을 위해서는 조직마다의 특성을 고려한 설계 및 개발, 소요시간, 비용 등을 산정하여야 한다.

4.3.4. 가능한 신기술의 도입

내부 자료 통제와 관련하여 신기술에 속하는 SBC(Server Based Computing), NAC(Network Access Control), ADS(Anomaly Detection System) 등의 검토가 지속적으로 이루어져야 한다.

정보유출방지의 최근 기술동향

본장에서는 내부 정보자료의 통제를 위한 여러 개념 및 기술 분야의 최근 동향에 대하여 정리하기로 한다. 일부는 기존의 도구들과 유사성을 가지기도 하며, 일부는 특정 목적으로 이미 활용되고 있기도 하다.

1. DLP

1.1. 배경 및 개념

DLP(Data Loss Prevention)는 2007년부터 글로벌 보안시스템 업체들이 사용하기 시작한 용어이다. DLP는 이메일이나 메신저 등 기업 내 다양한 정보유출 경로와 USB 등의 매체를 감시하고 통제하여, 내부 사용자의 고의적인 불법행위에 의한 내부정보의 유출을 방지하는 보안기술을 통칭한다.

국내에서는 예전부터 '내부정보 유출방지', '문서보안', 'PC보안', '정보자산관리' 등으로 보안기술 시스템의 시장이 형성되어 왔다. 전반적으로 '내부정보 유출방지'가 DLP의 개념을 커버하고 있다고 할 수 있다. '문서보안'은 DRM 솔루션으로 커버되어 왔으며, 'PC보안'은 PC 보안시스템이 역할을 하고 있다. 최근에 내부정보의 유출피해가 이슈화됨에 따라, DRM 솔루션이나 PC 보안시스템 등 제반 기술수단들이 내부정보 유출방지의 목적으로 활용되고 있다.

그리고 보안의 발전단계는 통상 출입관리, CCTV 등의 <u>1세대 보안</u>, Firewall, IDS, IPS와 같은 네트워크상의 외부침입 통제를 위한 2세대 보안, 그리고 DB 보안 및 문서 위·변조 방지를 위한 <u>3세대 보안</u>의 순서로 진행이 되어 왔으며, 조직 내의 중요한 정보에 대한 내부정보 유출방지를 <u>4세대 보안</u>으로 분류하는 시각도 있다.

1.2. 주요 기능

DLP 구현기술 범위는 용어가 의미하는 대로 광범위한 보안시스템의 기술수단이 필요하다. 그러나 일반적으로 다음과 같은 분야의 기술적 수단을 포함하고 있다.

• 단말기 통제기능

PC나 노트북 컴퓨터를 통해 내부정보 유출을 감시 및 통제하는 범위의 기술이며, 저장된 정보를 USB, CD 등으로 복사하는 것을 차단할 수 있다. 이와 같은 기능들의 구성은 대개 PC 보안시스템이 가지는 것들이다. 또한 저장자료를 암호화하여 내부정보를 보호하는 DRM도 단말기 정보의 통제 또는 보호의 목적으로 활용할 수 있다.

• 네트워크 통제기능

조직 내 정보단말기에서 인터넷 웹, 이메일, 메신저, FTP, 그 외 인터넷 통신 등 제반 통신기능을 통한 내부 자료 유출을 통제하기 위한 기술들이다. PC 자체 범위 또는 네트워크 전체 범위에서 각각 '제Ⅳ장, 2절'의 PC 보안시스템 또는 통신보안시스템을 네트워크 통제의 목적으로 활용할 수 있다.

• 정책 · 관리 기능

각 PC 또는 네트워크 등에 설치되어 DLP의 기능을 작동하는 각각의 보안시스템에 대해 실행기준 또는 정책을 적용하거나, 설치자동화, 워크플로우 연동, 분석 및 시스템 관리 등을 수행한다.

1.3. 업계동향

2007년 이후 DLP라는 이름의 제품군을 제공하는 대표적인 업체

는 맥아피, 시만텍, 트렌드마이크로 등이다. 이들 업체는 주로 유
망한 요소기술을 보유한 전문 업체를 인수하는 전략으로 필요한
기술을 획득하고 있다. 국내에서는 PC 보안시스템, DRM 등 기술
을 보유한 다수의 업체들이 이미 관련 시장을 점유하고 있어서 확
대되어 가는 국내 DLP 시장에서 업체 간 경쟁이 심화될 것으로
예상된다.

2. NAC

2.1. 배경 및 개념

내부 네트워크(LAN)를 보호하기 위한 통제기술만으로는 노트북,
PDA 등 다양한 단말기의 유선, 무선, VPN 등의 다양한 경로를
통한 네트워크 접속으로 인해 내부 네트워크의 보안을 유지하기
어려운 환경으로 변하고 있다(<그림 6-1> 참고). 이에 대해
NAC(Network Access Control)는 모든 경로를 통해 네트워크에 접
속을 시도하는 사용자 단말기가 적법한 방법으로 접근하는 정당한
사용자인지를 확인하여 내부 네트워크 접속을 통제하는 기술을 통
칭하는 개념이다.

2.2. 주요 기능

NAC는 사용자 PC에 탑재되는 에이전트시스템, 정책관리 서버, 정책실행 장비 등으로 구성되며, 주요 기능의 구성은 다음과 같다.

• 사용자 및 시스템 인증기술: 네트워크에 접속하는 사용자의 인증, 단말기 보안 상태의 적절성, 보안무결성 여부 등을 점검하는 기술의 범위를 의미한다.

• 정책점검 및 적용기술: 네트워크에 접속하는 사용자 및 단말기의 인증 및 점검결과에 따라 내부 네트워크에 접속을 허용하거나 차단, 격리하는 정책을 적용하는 기술의 범위를 의미한다.

구분	과거	최근
환경 변화	인터넷 / 내부네트워크	인터넷 / 내부네트워크
	○ 고정된 사용자 단말 ○ 사용자 단말의 낮은 컴퓨팅 파워	○ 이동형 사용자 단말의 증가 ○ 개인 단말의 컴퓨팅 파워 증가
주요 위협	○ 외부 네트워크로부터 해커나 웜·바이러스의 침입	○ 내부의 부적절한 단말 및 사영자의 네트워크 접근

〈그림 6-1〉 네트워크 접속환경의 변화와 보안위협

2.3. 지적사항

NAC는 필요성에 비해 아직 완성된 수준의 기술로 보기 어려운 단계인 것으로 업계에서 평가되고 있다. 그리고 사용자 인증과 사용자 단말기의 SW 상태를 점검할 뿐 모든 보안기능을 통합하여 수행하지는 못하는 것이 NAC가 가지는 한계점으로 지적되고 있다.

예를 들어 네트워크 접속 전 악성코드 감염사항, 조직의 보안정책에 위반되는 불법 SW 사용자 차단, 악의적 사용자의 불법행위를 감시·차단, DoS 공격이나 MAC 주소 스푸핑(spoofing) 등 네트워크 기반 공격에 대한 방어가 어려운 것으로 지적된다.

2.4. 업계동향

NAC에 대한 관련 개발업계의 관심은 아주 큰 편이며, 세계적으로 시스코, 마이크로소프트, TCG(Trusted Computing Group) 등 3사를 중심으로 국내 업체를 포함하여 수십 개의 기술업체가 기술적 컨소시엄을 구성하여 관련기술을 개발 중인 것으로 알려져 있다.

3. SBC

3.1. 배경 및 개념

SBC(Server Based Computing)는 모든 응용시스템(application) 및 정보(data, 파일 등)를 서버 측에 두고 응용시스템의 모든 실행과 처리되는 정보자료의 저장이 서버 컴퓨터에서 이루어진다. 사용자의 컴퓨터(클라이언트)에서는 키보드나 마우스 작동과 같은 입력(input) 데이터를 서버에 송신하고 실행결과를 화면상의 출력(presentation)으로 보게 된다.

이와 같은 컴퓨팅 환경은 네트워크 인프라에 대한 부하를 줄이고, 개인용 컴퓨터(PC)의 업그레이드 비용을 절감할 수 있다. 특히 인증 과정을 거친 허가자만 정보에 접속할 수 있도록 함으로써 사내 직원에 의한 보안사고 및 정보 유출을 원천 봉쇄할 수 있는 것이 특징이다. 근래에 특별한 경우의 공동작업이 필요한 업무(신기술 설계 등)에 활용되기도 한다.

3.2. 주요 기능

SBC는 명령의 처리와 결과를 제공하는 서버와 명령을 보내고 결과를 받아 디스플레이(display)하는 사용자 클라이언트가 분리된 컴퓨팅 시스템이다. 사용자는 PC에 SBC전용 SW를 설치하거나, 또는 씬 클라이언트(Thin Client)라는 SBC전용 단말기를 사용할 수 있다.

서버의 성능에 따라 10~30명의 클라이언트가 동시에 접속하여 컴퓨팅 업무를 수행할 수 있다. 씬 클라이언트 개념의 클라이언트 터미널 디바이스는 CPU, RAM, HDD, OS가 없는 펌웨어 보드만으로 구성되므로 보안성이 뛰어날 뿐만 아니라 초경량, 초소형, 초절전이 가능해진다.

현재의 모든 보안 솔루션(암호화, 매체제어, 방화벽)들은 PC에 문서가 모두 저장되는 형태를 취하고 있으나, 최근 내부자의 PC를 통한 정보유출이 발생되고 있어 PC 내에 문서파일이 저장되지 못하게 하여 정보유출방지를 강화할 목적으로 SBC 솔루션을 도입하는 경우가 있다.

3.3. 지적사항

SBC가 여전히 기술적으로 보편화된 컴퓨팅 환경이 아니어서 가능한 응용시스템에 한계가 있는 것으로 지적되고 있으며, 여전히 사용자 대비 비용문제가 애로가 되고 있다. 서버 1대당 50명 이하의 동시 접속자를 허용하는 경우가 대부분이며, 경우에 따라 동시 접속자를 20명 이하로 제한하기도 한다.

3.4. 업계동향

투스칸(제조사: 틸론), 메타프레임(제조사: Citrix) 등의 제품이 출시되고 있으며, 최근에 국내에서 KT가 한국마이크로소프트, 한국 HP와 공동으로 SBC 사업에 참여를 공식화하였다. 이는 KT의 네트워크, 마이크로소프트의 소프트웨어, HP의 하드웨어의 결합 서비스 모델을 만들어 보자는 의미가 있다.

4. Blade PC

4.1. 배경 및 개념

Blade PC는 초소형, 초슬림 PC 본체를 말한다. 수십 대의 PC 본체를 <그림 6-2>와 같이 한곳에 모아 관리하는데, 좁은 공간에 여러 대의 PC를 넣기 위해 아주 얇게 만든 모습이 칼날(blade) 모양이어서 붙은 이름이다.

내부 직원에 의한 정보유출 사고에 대응하는 방법으로 고안된 것을 볼 수 있으며, 기본적인 개념은 PC 본체를 데이터센터에서 집중 관리해 직원들은 정보를 열람만 할 수 있고, 하드디스크에 있는 정보를 다른 장치로 저장할 수 없게 만든 것이 Blade PC이다. PC 본체와 원격으로 접속하는 내부 직원은 하드디스크가 없는 간단한 단말기와 모니터, 키보드, 마우스만을 사용하게 하는 것이다.

원격접속용 단말기 비용이 추가되므로 초기 설치비용은 일반 PC에 비해 다소 높다. 그러나 각종 소프트웨어의 업그레이드가 용이하고, 악성코드 등 보안공격에도 효율적으로 대처할 수 있다. 또한 내부 자료 통제의 효과 및 사무공간의 효율성 등의 장점이 있기 때문에 비용상의 단점이 극복될 수 있다고 한다.

4.2. 업계동향

최근 HP 등 HW 제조업체에서 Blade PC의 시험용 제품을 선보이고 있다. Blade PC는 데이터센터에서 관리하는 본체와 원격의 사용자 간 네트워크의 통신 성능이 기본적인 필요사항이므로, 인터넷 환경이 좋은 한국이 활용하기에 좋은 여건으로 판단되고 있다.

〈그림 6-2〉 데이터센터에서 관리하는 **Blade PC** 형태

5. 통합로그관리

5.1. 배경 및 개념

내부 구성원의 정보자료에 대한 생성, 저장, 활용 및 유통, 폐기 등에 대해 활용할 수 있는 감시·통제의 기술적 수단은 감시 내역을 로그(log) 형태로 생성하여 저장한다. 그런데 활용되는 기술적 수단이 PC 보안시스템, 서버 DRM, 프린터 DRM 등과 같이 복수개이며, 각기 생성되는 감시 내역(log)을 통합하여 조직 전체의 정보 활용 현황을 관리하고 내부 자료 유출에 대비할 필요가 있다.

이때에 고려할 수 있는 방안이 통합로그관리이다. 내부 정보자료 통제에 대한 통합로그관리의 목적 또는 기대효과는 다음과 같이 정리할 수 있는데, 통합로그관리는 조직의 모든 정보자료처리 사항의 집계, 상황 파악, 보안사고 사후추적의 기본방안이 된다.

- 사용자 정보 활용 형태분류 및 형태별 사용현황 집계·분류
- 정보자료 유출 사고 패턴의 집계 및 분류
- 정보자료 유출 사고 시 사후추적
- 정보자료 유출 사고 패턴을 통해 보안사고 사전감지
- 보안정책, 통제규칙 등의 적합성 분석 및 개선의 신속성 등

5.2. 주요 기능

통합로그관리를 본격적으로 구성하기 위해서는 데이터웨어하우스 (data warehouse), 데이터마이닝(data mining), OLAP(Online Analytical Processing) 등의 기본 기능을 갖추는 것이 필요하다. 데이터웨어하우스는 문제영역에 대해 다량의 데이터를 집적하여 유효한 정보를 파악해 내기 위한 기반기술이며, 데이터 저장 및 처리를 위한 대형/고성능의 DBMS 및 방식(data cube, 다차원 modeling 등)이 사용된다.

데이터마이닝은 데이터웨어하우스로부터 유효한 정보를 탐색하기 위한 방법을 통칭하는 것으로 분류, 군집, 연관관계, 시각화, 예측, 요약 등을 문제영역에 맞게 적용하여야 한다. 이와 같은 기반도구를 활용하여 정보자료의 활용형태 분석, 정보자료 유출 패턴분석, 정보자료 유출의 사전감지 등의 분야별로 적절한 탐색규칙과 응용기법을 도출하여 실행하는 것이 필요하다.

5.3. 업계동향

데이터웨어하우스 및 데이터마이닝의 관점에서 정보자료의 유출방지를 위한 통합로그관리 분야는 응용 분야 중의 하나이다. 동 분야의 특징으로는 조직마다 정보보안의 방향이나 수단에 차이가 나고, 관리대상 정보의 범위도 다를 수 있다는 점을 충분히 고려해야 한다는 것이다. 이러한 점은 통합로그관리가 조직의 특성이나 지향점을 고려해야 하는 다양성의 특징을 가진다는 것을 의미한다.

국내 일부의 대기업에서 상당한 투자를 통하여 통합로그관리를 갖추고 있는 것으로 파악된다. 조직 내 정보자료 활용 현황, 정보자료 관제, 자료유출과 관련하여 사전 및 사후 관리 등의 목적으로 통합로그관리 시스템을 활용하고 있다.

6. 해외의 정보자료 유출방지 동향

해외, 특히 미국의 경우 소프트웨어 업계에서는 내부 자료 유출방지의 기술수단들을 DLP(Data Loss Protection)라는 이름의 범주로 2007년 이후 시장에 출시되고 있다. 대표적인 소프트웨어 업체로 Semantec, Mc - A - Fee, Trend Micro 등이 있으며, DLP라는 이름으로 출시되는 기술수단들의 기본기능은 국내의 PC 보안시스템과 동일하다고 보인다.

DLP와 관련한 기술수단은 방산업체, 국방성 등과 같이 특수기관에서부터 일반기업으로까지 활용이 확산되고 있는 것으로 파악되고 있다. 일반 기업에서는 DLP 또는 PC 보안시스템에 의한 통제보다는 네트워크 관리도구 등에 의한 감시(monitoring)에 비중을 두고 있으며, 보안침해사항 발생 시 회사와 종업원 간의 채용조건 등에 의해 페널티를 부과하여 처리하는 형식을 병행하여 선호하는 것으로 알려지고 있다.

(1) 김종원·최종욱, 「기업정보유출방지를 위한 기술」, 『한국정보처리학회지』, Vol.10, No.2, pp.87 – 99, 2003.

(2) 윤한성, 「정보보안 및 정보시스템자산 관리를 위한 내부 감시·통제시스템」, Information Systems Review 제9권 제1호, pp.121 – 137, 2007.

(3) 윤한성·문승주·유승형, 「자료통제방안연구」, 정부통합전산센터, 2008.

(4) 한국정보보호진흥원, 「개인정보영향평가 가이드」, 2006.

(5) 한국정보보호진흥원, 「정보보호관리체계 통제사항 가이드」, 2004.

(6) ECSC – EEC – EAEC, Information Technology Security Evaluation Criteria(ITSEC), 1991.

(7) Herbert H. Thompson, James A. Whittaker and Mike Andrews, "Intrusion detection: Perspectives on the insider threat", Computer Fraud & Security, Vol.2004, Issue 1, pp.13 – 15, 2004.

(8) Lilian Mitrou and Maria Karyda, "Employees' privacy vs. employers' security: Can they be balanced?", Telematics and Informatics, Vol.24, Issue 3, pp.164 – 178, 2006.

– 그 외 다수의 정보보안관련 서적, 웹사이트, 연구보고서 등

〈부록〉
정보유출방지 기술수단의 구성사례

국내의 경우 지식정보 집약형으로 산업이 고도화됨에 따라, 2000년대 중반 이후 기업의 기밀, 신기술 정보, 대량의 개인정보 등의 중요한 정보자료의 유출사고가 기업경쟁력과 이미지에 매우 큰 영향을 미치는 것으로 인식되고 있다. 또한 다양하고 신속한 정보환경으로 인해, 다량의 정보가 손쉽게 외부로 유출되는 사고를 언론지상에서 종종 접하게 된다.

이에 대해 기업을 비롯한 여러 조직이나 기관에서는 내부 정보 자료의 유출을 방지하기 위해 제반 수단을 강구하고 있다. 여기에 소개한 몇 가지 사례들은 국내 기업이 정보자료 유출을 방지하기 위해 도입한 기술적 수단의 구성에 관해 조사한 내용을 간략히 요약한 것이다.

A.1 CA社 사례: 자료집중화 전략

1. 추진배경

CA社는 보관 중인 전자문서의 폭증 및 이에 대한 체계적 관리의 필요성이 대두되어 왔다. 그리고 대부분의 전자문서(전체의 90% 이상)가 조직구성원 간에 공유되는 file서버 등에 저장되지 않고 개인 PC에 저장되어 관리되고 있는 것으로 파악되었다. 동일한 문서가 여러 개인 PC에 저장됨으로써 문서 활용 및 정보자산의 효율성이 매우 낮은 문제가 있다.

전자문서의 공유를 통해 활용 및 관리의 효율화를 위해 도입한 전자문서관리시스템(EDMS)의 활용이 저조(등록되는 문서는 전체의 10% 미만)할 뿐만 아니라 또한 보안문서를 개인용 PC에 저장하여 사외유출의 위험성이 상존하고 있었다.

2. 추진방향

이에 대해 CA社는 이미 도입한 EDMS의 활용과 함께 자료저장 집중화 전략을 다음과 같이 추진하게 되었다.

2.1. 구성형태

• PC 보안시스템의 자료저장 제한 기능을 활용하여 개인용 PC에

자료저장이 불가능하게 통제

- 내부직원 개개인이 자신의 PC를 통해 생성한 문서는 서버 DRM을 통해 암호화하여 EDMS에 집중저장
- EDMS에 저장된 전자문서에 대해서는 사용자별로 사용 권한이 있는 전자문서만을 조회 및 수정이 가능

2.2. 진행과정

약 2,000명의 사원을 대상으로 PC 보안시스템의 PC 자료저장 제한 기능과 EDMS를 통한 자료집중화를 적용하고 있다. 내부직원의 PC에 저장된 문서의 체계화 및 EDMS로 이관하는 것을 통해 전 직원이 동 System을 활용하는 단계에 있다. 동 진행과정은 다음의 3단계로 나누어 추진하였다.

- 1단계: 사용자 인증을 위한 통합인증관리체계(SSO) 및 EDMS와 연동을 위한 시스템 보완, PC 자료 저장방지 정책수립
- 2단계: 설치 및 시험적 활용
- 3단계: 보완 및 전면적 활용

2.3. PC 보안시스템 활용 범위

- 개인 PC에 문서(파일) 저장 차단을 통한 구성원의 정보자료 유출 방지 효과
- PC의 드라이브접근 제한, 용량 제한 등에 관한 정책을 관리자시스템을 통해 세분화하여 다음과 같이 관리

- 드라이버 제한: 모든 폴더 제한(Windows 폴더 등 OS, Appli
  cation 관련 폴더 제외), Application을 통한 file의 PC 저장 통
  제, 지정한 Application의 실행 통제
- 임시용 폴더허용 정책: 정해진 폴더(예를 들어 'D:\임시공간')
  에 제한된 저장용량(100MB)을 허용하고, Dialog를 제어하여
  정해진 폴더에만 접근 가능
- 기타: Windows 시작 시 프로그램 자동 시작, 파일 사용 이력
  활성화 등

A.2 CB社 사례: 자료집중화 전략

1. 추진배경

CB社가 가진 내부 자료 관리상의 문제점으로는 거의 모든 중요
한 자료가 개인용 PC에 저장되어 있어서 시스템적으로 중앙관리가
불가능하고 항시 유출의 우려가 심각하다는 것이다. 이를 극복하기
위해 문서관리 서버(File Server)를 도입하였으나, 사용자의 사용을
강제하기 어려운 현실적인 문제로 인해 사용률이 극히 저조하였다.
이에 대해 개인용 PC의 자료저장을 억제하고 원래 지향하였던 문
서관리의 집중화를 강화하여 문서의 사유화 방지를 위한 대책을
추진하게 되었다.

2. 추진방향

개별 PC의 사용방법이 '저장 제한' 등을 제외하고는 현재 방법
과 동일해야 하고, 응용시스템의 설치 및 사용은 새로 활용하는
PC 보안시스템의 영향을 받지 않도록 구성하는 것을 기본 방향으
로 하였다.

2.1. 구성형태

- PC 보안시스템을 통해 개인별 PC의 사용감시 및 PC 저장금지
  를 비롯한 제반 통제
- 전 직원의 전자문서를 LAN상의 원격 File서버에 집중저장

2.2. 진행과정

약 6개월에 걸쳐 중요부서를 대상으로 시험적 적용실시 후, 평
가 및 보완을 거쳐 전사로 확대하게 되었다.

2.3. 기술수단 활용 범위

- PC 보안시스템
  - 드라이버 제한
    - PC 내 모든 디스크의 쓰기/읽기/조회 차단(탐색기 및 실행
      창, DOS에서 접근 차단)
  - 임시용 작업폴더 내에서만 일정 용량(100MB 등) 이내에서 한

정된 전자문서(예를 들어, 흔글로 작성된 문서)만 저장이 가능
하도록 통제하고, 생성된 이후 일정시간이 지난 자료는 자동
으로 삭제
- 열기/저장 다이얼로그의 제어(작업폴더 및 File서버의 허용 폴
더만 보이도록 제어)
- 사용자 인증
  ◦ 통합인증관리체계(SSO 등)의 인증이 통과된 경우에 사용자
    별 감시·통제 정책을 반영
  ◦ 인증이 되지 않은 경우에는 임시용 작업폴더까지 포함한 모
    든 디스크의 접근을 차단
- 필요한 경우 특정 폴더로 저장되는 파일을 자동으로 암호화하
  여 저장
- 사용자별 감시·통제 정책을 몇 개의 형태로 작성·적용

• File서버
  - 모든 개별 PC에서 문서저장은 File서버로 저장
  - File서버의 폴더 관리
    ◦ 부서별 및 부서에 속한 사원별 폴더의 지정 및 문서의 읽기/
      쓰기 권한
  - File서버로 문서 저장 시 저장문서의 자동암호화 처리

A.3 CC社 사례: 개인용 PC의 업무용/개인용 분리 전략

1. 추진배경

CC社는 개인용 PC에 제품설계도면 등과 같이 회사의 중요한 자료가 저장되어 있음으로 인해 항시 유출위험이 존재하고 있었다. 이에 대해 사용자의 편의성을 보장하면서 회사의 정보자료 유출을 방지하기 위한 대책을 추진하게 되었다.

2. 추진방향

구성원의 개인정보의 사용을 인정하되 내부 정보자료 유출방지를 위한 대책으로, 개별 PC에서 네트워크 및 저장공간을 업무용과 개인용으로 분리하는 방향을 추진하게 되었다. 업무용은 외부 네트워크(인터넷)와 단절하는 효과를 가짐으로써 인터넷과 같은 컴퓨터 통신수단을 이용한 자료유출을 원천적으로 제한하는 효과가 기대된다. 업무효율을 위한 자료공유와 공유자료의 보안을 위해 EDMS 및 서버 DRM 등을 활용하고 있다.

2.1. 자료통제 기술수단의 기능구성

• PC 보안시스템
 − 사용자별 에이전트시스템의 화면상에 미리 개인용으로 정해진

응용시스템(예: 웹브라우저, 흔글 등)을 나열(list)
- 개인용과 업무용으로 프로세스(process)를 구분하여 별도로 통제
  ◦ [개인용] 사용자별 에이전트시스템에 나열된 응용시스템(웹브라우저, Office 등) 통제: Intranet 접근 제한 및 Internet 접근 허용, PC 내 허용된 임시 작업폴더(개인용)에만 저장 가능
  ◦ [업무용] 개별 PC의 바탕화면에서 접근 가능한 응용시스템 통제: Intranet 접근 허용 및 Internet 접근 제한, 업무용 폴더(업무용)에서 저장 가능

- 자료집중화 저장 및 암호화 수단: EDMS 및 서버 DRM
  - 작업 중인 전자문서 이외의 모든 자료는 구성원이 공유할 수 있는 EDMS에 저장하되, 서버 DRM을 통해 암호화하여 저장

- 통신보안시스템: 이메일의 전송내용이 일정 사이즈(예: 1MB 등) 이상인 경우에는 내부 전자승인절차를 통해 승인 후 전송이 가능

2.2. 방문자 출입통제

- 방문자 태그(tag)를 발급하여 정문출입 및 특정지역 통제에 활용
- 모든 출입자의 휴대용 전화(특정 제조사에 한정)에 대해 카메라 통제기술을 적용하여, 휴대용 전화에 내장된 디지털 카메라 불능조치
- 휴대용 컴퓨터(노트북) 등에 대한 네트워크 접속금지 등

A.4 CD社 사례: 통제 및 허용영역 모니터링 전략

1. 추진방향

CD社는 내부 자료 유출방지를 위한 기술적 정보보안의 범위를 '침입방지' 및 '유출방지'의 2분야로 구분하여 추진하고 있다. 침입방지 분야는 주로 외부의 해커 등에 의한 네트워크상의 정보자원 보호차원에서 추진하는 분야이며, 유출방지의 분야는 내부직원의 자료유출을 통제하기 위한 것이다. CD社는 이와 같은 추진에 따른 회사의 정보보호체계에 대하여 정보보호관리체계의 국제규격(ISO 27001)을 인증받기도 하였다.

2. 정보자료통제 기술수단

2.1. 침입탐지 수단

- 방화벽, IDS, IPS를 활용하고 있으며, 2008년 현재 ADS는 도입을 검토 중에 있음
- 네트워크(LAN을 통한 인터넷 접속) 통제: 여러 인터넷 접점(gateway)을 2개 정도로 정리하여 통제효율성 제고

2.2. 유출방지 수단

PC 보안시스템, DRM, 로그관리 등 내부 자료 유출방지에 필요
한 다음의 다양한 수단을 효율적으로 구성하고 있다.

- PC 보안시스템, DRM(서버 DRM, PC DRM, 프린트 DRM 등)
  활용
- 통신서비스 통제: email, FTP, messenger, digital FAX 등의 통제
  수단 활용
- NAC는 현실적으로 구성이 용이하지 않은 것으로 판단
- 로그/이벤트 통합관리: 로그(log)관리, 모니터링, 감사 등의 목적
  - 대상: 침입탐지 및 유출방지
  - 침입탐지 또는 자료유출 수단을 통하여 통제 영역과 허용 영
    역을 구분
    - '허용 영역'에 대하여 로그(log) 취합 및 분석
    - 하루 1억 건 이상 발생하는 로그의 건수(records)를 수백 건
      으로 요약하여 DW/DM 구성

2.3. 자료통제 기술수단의 적용단계

다음과 같이 단계적으로 자료통제를 위한 기술적 수단을 도입하
고 있다.

- 1단계: Active Directory를 통해 PC 사용자 인증
- 2단계: PC 보안 솔루션을 통한 감시 및 통제

- 3단계: 서버 또는 PC DRM을 통한 저장자료 암호화
- 4단계: 통합 모니터링(통합로그관리시스템)

A.5 CE社 사례: 비용 대비 효과 전략

1. 추진 배경 및 방향

CE社는 협력사의 정보자원 관리 및 지원을 책임지는 회사로서, 협력사그룹 전체의 정보유출방지를 위한 표준 기술을 도입하여 구축하고 있다. CE社는 내부 정보자료의 유출통제를 위하여 일반적인 기술적 수단을 거의 사용하고 있다. 특히, 일정한 정책(예: 자료집중화 등)보다는 직원들의 업무효율성을 위해 탄력적으로 보안수단을 운영(개인 노트북 컴퓨터의 자료저장 허용 등)하는 전략을 취하고 있다. 이와 같은 방향에서 그룹사가 동일한 기술적 수단을 활용하되, 각 사가 자율적 기준을 적용하고 있다.

특히 이동이 많은 직원에 대해서는 개인 노트북의 자료저장을 허용하고 있으며, 업무특성(process)별로 보안사항을 정의하고 있다. 보안사항에 필요한 수단을 마련하고, 보안통제에 따른 제반 비용과 이에 따른 효과를 고려하여 보안정책을 적용하고 있다. 예를 들어, '일반 보안지역(일반 사무실)'과 '강화된 보안지역(IDC, 특별 프로젝트팀 등)'으로 구분하여 통제정책을 달리할 수 있다는 것이다.

2. 정보자료통제 기술수단

- PC 보안시스템, 서버 DRM, PC DRM, EDMS, 보안 프린터 등을 활용
- 인터넷 통신감시 및 침입탐지 활용수단
  - 방화벽, IPS, IDS, spam mail & virus scanning, ADS, 웹방화벽, DDoS장비, DB보안 등 활용
  - 외부로 나가는 인터넷 통신내용(email 등)은 모두 감시

3. 출입통제수단

- 스마트 태그, X - ray, 금속탐지기 등 사용

4. 고려 중인 기술수단

- NAC 수단, SBC, Blade PC, 디스크 가상화, 융합ID(하나의 ID를 가지고 조직 내 모든 정보행위 인증) 등

A.6 CF社 사례: 자료집중화 전략

1. 추진 배경 및 방향

CF社는 CE社와 마찬가지로 소속 협력사 그룹의 정보자원 관리 및 지원을 책임지는 회사로서, 협력사 전체의 정보유출방지를 위한 표준 기술을 도입하여 구축하고 있다. CF社 입장에서 파악하기로 협력사들은 제각기 회사의 정보자료에 대해 개인용 PC 저장 또는 서버집중 저장 등 자료저장방식을 여러 가지로 혼재하여 사용하고 있다.

이에 대해 CF社는 개인용 PC 자료저장 차단 및 자료집중화 저장을 방향으로 하여 기술적 방안의 수립을 모색하고 있다.

2. 활용 중인 정보자료통제 기술수단

- PC 보안시스템: 노트북/PC에 PC 보안시스템이 설치되어 있지 않으면 네트워크(LAN)에 접속 불가
- DRM: 서버 DRM 및 PC DRM
  - 전자문서관리시스템(EDMS)과 서버 DRM을 활용(저장된 자료 암호화)
- 통합로그관리
  - 대상: PC, 프린터, 네트워크 등의 사용내역

- 현황: 관제용 통합보안관리(ESM: Enterprise Security Management) 구축 및 활용
  - 내부 자료유출용 통합로그관리 시스템은 주어진 정보환경과 정보자료 활용의 특성에 따라 개발하여야 할 대상임(범용으로 패키지화가 어려움.).
• SBC의 활용
  - 보안이 절대적으로 필요한 일부 업무(신제품 개발 등)에 한해 부분적으로 활용
• 출입통제
  - smart tag, X - ray, 금속탐지기, hand scanner 등 사용
• 인터넷 통신감시 및 침입탐지 활용수단
  - NAT(네트워크 주소변환), IPS, 이메일 로그관리, Netflow(이상 traffic 분석 및 추적 도구), Proxy Server 등을 활용

3. 정보자료통제 기술수단의 개선방향

• 단계적(단기, 중기, 장기 등) 추진이 적절
• 단기 추진의 방향: 다음의 기술적 수단을 활용한 개인 PC 감시 · 통제 및 자료집중화
  - PC보안시스템: 개인별 PC에 자료저장 금지 및 사용통제
  - 로그관리: PC보안시스템이 생성하는 각 PC의 로그를 취합하여 자료통제 현황 파악(통합로그시스템의 기반 마련)
  - 서버 DRM 또는 집중용 저장장치(File 서버 또는 EDMS) 활용

• 중기 이후의 추진내용: 정보자료 유출통제 고도화 및 통합로그
  분석체계 구성
  – 통합로그시스템의 구성을 통한 정보자료 유출의 인텔리전스
    (intelligence) 기능 제고

윤한성 ─────────────────────────────────────

서울대학교에서 산업공학 학사, 한국과학기술원에서 산업공학 석사 및 경영정보공
학 박사 학위를 취득하였으며, ㈜SK에너지와 SK C&C㈜에서 DSS, Internet 응용
시스템 및 사업 분야 등에서 근무하였다. 현재 경상대학교 경영대학에서 부교수로
재직하고 있으며, 경상대학교 경영경제연구센터 책임연구원으로 있다. 주요 관심
분야는 e－비즈니스 전략 및 시스템, 경영혁신, 공급망관리, 정보보안 등이다.

내부보안위협과 정보유출방지

초판인쇄 | 2009년 4월 30일
초판발행 | 2009년 4월 30일

지은이 | 윤한성
펴낸이 | 채종준
펴낸곳 | 한국학술정보㈜
주　소 | 경기도 파주시 교하읍 문발리 513-5 파주출판문화정보산업단지
전　화 | 031) 908-3181(대표)
팩　스 | 031) 908-3189
홈페이지 | http://www.kstudy.com
E-mail | 출판사업부　publish@kstudy.com

등　록 | 제일산-115호(2000. 6. 19)
가　격 | 19,000원

ISBN　978-89-534-2331-2　93320 (Paper Book)
　　　　978-89-534-2332-9　98320 (e-Book)

내일을여는지식 은 시대와 시대의 지식을 이어 갑니다.